Helmut Engels

BALANCING

Der richtige Dreh
zum Erfolg

IMPRESSUM:

© Helmut Engels, Köln 2021

1. Auflage

Lektorat: Rainer Vollmar

Layout, Satz und Umschlaggestaltung: Christiane Hahn

Umschlagmotiv: © AdobeStock

Herstellung und Verlag: BoD – Books on Demand,
Norderstedt

ISBN: 978-3-7526-4174-5

Die Druckversion des Buches ist in zwei Varianten
(Soft- und Hardcover) erhältlich.

BALANCING

INHALTSVERZEICHNIS

GELEITWORT

Während meines Studiums lernte ich das erste Mal auf schmerzhafte Art und Weise kennen, wie schnell es sich rächen kann, wenn man die Signale seines Körpers überhört. Beachtliche Herausforderungen und große Ziele brachten mich dazu, die Grenzen meiner Belastbarkeit auszureizen und gar zu überschreiten. Mein Körper geriet aus dem Gleichgewicht und machte mir deutlich, dass es so nicht weitergehen durfte.

In dieser Zeit war ich froh und dankbar, dass mir besonnene und verständnisvolle Menschen zur Seite standen. Auch dank dieser Helfer fand ich zurück zu meiner Balance.

Wie sieht es bei Ihnen aus? Befinden Sie sich in Ihrem Gleichgewicht oder sind Sie noch auf der Suche? Wenn Sie nicht wissen, wo Sie ansetzen sollen oder welche Wege zum Ziel führen, ist dieses Buch der ideale Leitfaden, um zu Ihrer Balance zu finden!

Helmut Engels erklärt wortgewandt und mit der notwendigen Portion Ernsthaftigkeit, aber auch auf humorvolle Weise, warum wir auf unser inneres Gleichgewicht achten sollten und wie wir dorthin gelangen – auch durch den richtigen Umgang mit Stress. Dabei spielt es keine Rolle, in welcher Phase des Lebens Sie sich befinden. Diese Thematik betrifft jeden von uns – vom Studenten bis zum Frührentner, vom Manager bis zum Handwerker.

Franziska M. Decker

EINSTIMMUNG

Zu den besonderen Fähigkeiten des Menschen zählt, sich hin und wieder einem selbstkritischen Blick zu unterziehen. Typische Fragen, die uns in diesen Momenten begleiten, sind:

Bin ich mit mir und meiner Situation zufrieden?

Stimmen Ist- und Sollzustand überein?

Besteht Änderungsbedarf?

Die Notwendigkeit zum Innehalten und zur Besinnung sehen wir meist erst, wenn wir in eine Krise geraten sind – wenn sich die Folgen eines schleichenden Prozesses plötzlich offenbaren oder wenn sich unser Leben durch einen tiefgreifenden Einschnitt schlagartig verändert hat. Doch warum sollen wir so lange warten? Wenn wir uns ab und zu eine Auszeit nehmen und einen selbstkritischen Blick wagen, erkennen wir frühzeitig Unstimmigkeiten und können so sich abzeichnende Fehlentwicklungen bereits im Keim ersticken. Die alltägliche Umtriebigkeit gepaart mit einer Mischung aus Bequemlichkeit und Gleichgültigkeit sorgen jedoch immer wieder dafür, dass die selbstkritische Betrachtung in Vergessenheit gerät. Hinzu kommt, dass wir offenbar lieber in einem Hamsterrad unterwegs sind, als den Signalen unseres Körpers zu folgen, die längst zu einer Auszeit und zum Nachdenken mahnen. Zudem kann eine kritische Auseinandersetzung mit sich selbst durchaus unangenehm sein. Denn wir könnten auf etwas stoßen, das uns nicht gefällt und uns gnadenlos vor Augen führt, wo etwas aus dem Ruder gelaufen und dringend ein Kurswechsel geboten ist. Letztlich führen all diese Faktoren dazu, dass wir uns zu selten Zeit für uns nehmen.

Doch was ist der Maßstab unseres Urteils – woran orientieren wir uns? Wann sind wir zufrieden und wie erkennen wir die Notwendigkeit für eine Veränderung? Bei der Suche nach einer Antwort lohnt ein Blick auf das Sprichwort:

»Das Leben liebt das Gleichgewicht.«

Wenn wir unser inneres Gleichgewicht gefunden haben, sind wir zufrieden – wir sind ausgeglichen und es geht uns gut. Ausgewogenheit macht es uns leichter, unsere Ziele zu erreichen, und ist der Schlüssel zum Erfolg.

Dass es nicht selbstverständlich ist, die Balance zu finden, zeigen diese beiden törichten Verhaltensweisen:

Anstatt uns die positiven Aspekte von Stress zunutze zu machen, leiden wir unter seinen negativen Begleiterscheinungen – reagieren unkontrolliert oder werden sogar krank. Der richtige Umgang mit Stress zielt darauf ab, ihn bis zu einem gewissen Grad zuzulassen und ihn erst dann abzuwehren, wenn er uns schadet. Die Dosis macht den Unterschied!

Wir sind wahre Meister der Leistung und verbrauchen ständig Energie. Dabei vergessen wir allzu oft das Tanken. Ohne Treibstoff ist es nur eine Frage der Zeit, bis uns die Kraft ausgeht, unsere Leistung einbricht oder wir in eine Krisensituation geraten. Wir können nur von dem zehren, was wir an Energie zuführen: ohne Input kein Output!

Die zwei Beispiele machen deutlich, dass wir uns mit einer falschen Positionierung das Leben unnötig schwer machen. Wenn wir unser inneres Gleichgewicht nicht finden, riskieren wir sogar gesundheitliche Störungen – von leichten Beschwerden bis zu ernsthaften Erkrankungen.

Nehmen wir uns Zeit zum Innehalten und zur Besinnung, werden wir – auch mit Blick auf die obigen Beispiele – erkennen, ob wir in eine Dysbalance geraten sind oder mit unserer Situation zufrieden sein können. Je nachdem wie das Resultat ausfällt, sehen wir uns mit einer dieser beiden

Fragen konfrontiert:

Was ist zu tun, wenn ich meine unliebsame Situation verbessern will?

Wie kann ich meine Zufriedenheit erhalten und gegen negative Einflüsse absichern?

Zu welchem Ergebnis wir auch gelangen, es besteht in jedem Fall Handlungsbedarf – sei es, um

- unser inneres Gleichgewicht zu finden
  oder
- unsere gefundene Balance aufrechtzuerhalten.

In diesem Buch erfahren Sie, welche Wege zur Balance führen und was Sie tun müssen, um Ihr inneres Gleichgewicht zu sichern.

Die folgenden Seiten berichten zunächst über meine Erfahrungen mit Dysbalancen und den gesundheitlichen Gefahren, die von einer Unausgewogenheit ausgehen. Eindringliche Erlebnisse haben mich dazu motiviert, Sie mit diesem Buch zu sensibilisieren, auf Ihr inneres Gleichgewicht zu achten. Auch wenn unser Körper in jungen Jahren noch erstaunlich belastbar erscheint und ohne spürbare Konsequenzen auf Missstände reagiert, offenbaren sich die mitunter sogar tiefgreifenden gesundheitlichen Folgen aus jahrelangem Fehlverhalten in fortschreitendem Alter meist schonungslos.

Kümmern Sie sich um Ihre Balance – auch Ihrer Gesundheit zuliebe! Je früher Sie zu Ihrem inneren Gleichgewicht finden, desto länger profitieren Sie von einem zufriedenen Leben. Werden Sie Ihr eigener Erfolgstrainer!

PERSÖNLICHE ERFAHRUNGEN

Retrospektiv verliefen die ersten Jahrzehnte meines Lebens unspektakulär. Obwohl meine berufliche Entwicklung bis zur Jahrtausendwende geradlinig und relativ reibungslos verlief, verspürte ich um die Jahrtausendwende mit Anfang 40 eine zunehmende Unzufriedenheit. Etwas in mir machte sich bemerkbar, rebellierte mit zarter, zunächst kaum wahrnehmbarer Stimme und ließ mich nicht mehr los. Immer mehr bewegten und fesselten mich diese Gedanken:

> **Habe ich mich für die richtigen beruflichen Schritte entschieden?**
>
> **Habe ich erreicht, was ich mir gewünscht habe?**
>
> **Was will ich überhaupt?**
>
> **Was kann mich begeistern und treibt mich an?**

Meine Gedanken kreisten ununterbrochen um diese Fragen. Ich suchte nach Antworten – fand aber keine. Ich wähnte mich erstmals auf einem Irrweg und fühlte mich zusehends unwohl in meinem Lebensmuster. Mit der Vertiefung in meine Arbeit versuchte ich meiner Unzufriedenheit zu entkommen und enthielt meinem Körper dadurch wichtige Auszeiten vor.

Letztlich führten meine innere als auch äußere Rast- und Ruhelosigkeit zielstrebig zu einem Tinnitus. Ich war in eine Dysbalance geraten, gegen die mein Körper rebellierte und auf die er mit einem schrillen Ton in meinem Kopf reagierte. Die Flut meiner störenden Gedanken und belastenden Gefühle hatten meinem Körper stark zugesetzt. Zudem erhielt ich die Quittung dafür, dass ich in den letzten Jahren selten wirklich zur Ruhe gekommen war – dass ich mich kaum geschont und mir keine ausreichenden Auszeiten gegönnt hatte. Doch dann zwang mich der Tinnitus zu einer beruflichen Pause.

Angetrieben von einem ungesunden Ehrgeiz, verfiel ich bald wieder in alte Muster. Ich muss eingestehen, dass ich das mahnende Signal meines Körpers nicht richtig ernst nahm. In meiner Gier nach Leistung, Erfolg und Anerkennung ließ ich mich durch das warnende Ohrgeräusch nicht aufhalten. Auszeiten, um zur Ruhe zu kommen und mich zu erholen, schienen mir zu dieser Zeit keine passenden Weggefährten zu sein. Ich bemerkte nicht, dass ich in einem gefährlichen Strudel gefangen war. Ich wurde beherrscht von irreführenden Ansichten und schädlichen Verhaltensweisen. Die Jagd nach beruflichem Erfolg und fehlende Ruhephasen blieben nicht ohne Folgen – meine Kräfte versiegten zusehends und meine Stimmung verfinsterte sich immer mehr. Obwohl sich eine seltsame Müdigkeit in meinem Körper ausgebreitet hatte, drängte mich eine pflichtbewusste, von falschem Stolz geprägte innere Stimme zum Weitermachen. Wie im Wahn gehorchte ich diesem Antreiber – ohne zu opponieren. Ich bemerkte nicht, wie ich immer mehr die Balance verlor.

Sechs Jahre nachdem mich der Tinnitus erstmals zur Vorsicht ermahnt und auf den Irrweg hingewiesen hatte, war es dann im Oktober 2010 soweit! Alle Energie-Reserven waren aufgebraucht, alle Energie-Quellen waren versiegt. Mein Körper kapitulierte auf ganzer Ebene – physisch und psychisch. Ein Burnout hatte mir sehr deutlich zu verstehen gegeben, dass ich in eine heftige Dysbalance geraten war. Anstatt meinen Kopf zu durchlüften und zu rasten statt zu hasten, war ich stur einem ungesunden Automatismus gefolgt, der mir mit dem Burnout den nächsten Warnschuss beschert hatte.

Meine Gedanken und mein Handeln bedurften unbedingt einer Kurskorrektur. Ich fand jedoch keinen richtigen Abstand zum beruflichen Treiben und somit auch keinen Zugang zu einer selbstkritischen Auseinandersetzung mit mir und meiner Situation. Zu spät erkannte ich, dass mein Körper über all die Jahre in einer gefährlichen Spirale innerer Anspannung gefangen war. Chronischer Stress hatte jahrelang in mir gewütet und krönte sein Werk dann im Dezember 2011 mit einem Schlaganfall. Da ich die warnenden Hinweise meines Körpers, die mich eindringlich auf die verlorene Balance aufmerksam gemacht hatten, überhört, ja sogar vorsätzlich verdrängt hatte, rüttelte mich der Hirninfarkt nun wach.

Diese »Ohrfeige« schaffte es tatsächlich, mir die Augen zu öffnen und mich erkennen zu lassen, dass ich etwas ändern muss – mich ändern muss! Nachdem ich lange Zeit auf eine selbstzerstörerische Art Raubbau am eigenen Körper betrieben hatte, begann ich nun eine Kurskorrektur. Ich reduzierte die Intensität meiner Belastung und gönnte mir erstmals bewusst Auszeiten zur Beruhigung, Entspannung und Regeneration. Zudem fing ich an, meine Gedanken zu kontrollieren – sie zu bändigen und ihnen eine gesunde Struktur zu geben. Dabei erwies sich die Ungeduld, eine bislang sehr ausgeprägte Eigenschaft, als schlechter, sogar kontraproduktiver Begleiter. Am eigenen Körper konnte ich erleben und erfahren, dass manche Dinge ihre Zeit brauchen, um sich zu entwickeln und zu reifen.

Dann kam eine Phase, in der in meinem Leben einiges zusammenkam. Ich sah mich an vielen Fronten gefordert und reagierte, wie ich es mir früher angewöhnt hatte. Dabei sind schlechte Gewohnheiten der größte Feind des Menschen! Folgerichtig kam es, wie es kommen musste – im Dezember 2017 erlitt ich einen weiteren Schlaganfall.

Je intensiver ich mich mit meiner Situation beschäftigte, desto mehr wurde mir die Bedeutung von Selbstregulation und die Gefahr, die von Dysbalancen ausgeht, bewusst. Motiviert von der eigenen Geschichte, habe ich mein Leben neu ausgerichtet. Mit der Fokussierung auf Balancing stehen seither selbstgesteuerte Lösungsansätze, die zu Ausgewogenheit und Stabilität führen, im Mittelpunkt meiner Arbeit. Profitieren Sie von meinen Fehlern und meinen Erkenntnissen! So vermeiden Sie schmerzhafte Erfahrungen und sichern sich eine pannenfreie Fahrt auf der Erfolgsspur des Lebens.

BALANCING:
INNERES GLEICHGEWICHT
FINDEN UND HALTEN

Das Streben nach Ausgewogenheit und Stabilität ist ein Gesetz der Natur. Das Prinzip des Ausgleichs und der Harmonie finden wir in zahlreichen natürlichen Abläufen – wie beim Wandel von Tag und Nacht, beim Wechsel von Wachstum und Regeneration, beim ständigen Ein- und Ausatmen oder bei der Regelmäßigkeit von Leben und Sterben. Die Natur bietet uns eine ideale Bühne, um von ihr zu lernen – sie funktioniert überall auf unserer Erde nach denselben Gesetzen. Im Leben strebt alles nach einer natürlichen Balance. Vieles bedingt sich gegenseitig und gleicht sich einander an. Dazu zählt auch das Phänomen, das gerade beim Sport sehr deutlich wird. Gegen stärkere Gegner zeigen wir vielfach eine überdurchschnittlich gute Leistung, während wir uns gegen Schwächere schwertun, unser Potential auszuschöpfen. Ein weiteres Beispiel ist das Reziprozitätsprinzip, das auf dem menschlichen Grundbedürfnis basiert, uns zu revanchieren – anderen etwas zurückzugeben, wenn wir von ihnen etwas erhalten haben.

Was bringt Sie dazu, sich mit Ihrem inneren Gleichgewicht auseinanderzusetzen? Warum lohnt es sich, die Balance zu finden und aufrechtzuerhalten? Wie gelangen Sie zu Ausgewogenheit und Stabilität?

Anlass

Das Gefühl, uns mit unserem inneren Gleichgewicht befassen zu wollen, kann viele Auslöser haben:

- Oft verspüren wir zunächst eine allgemeine Unzufriedenheit, die wir nur schwer beschreiben können. Eine innere Stimme, die sich erst zart meldet und dann immer mehr Gehör verschafft, kann uns veranlassen, genauer hinzuschauen oder einer Angelegenheit auf den Grund zu gehen. Tun wir dies nicht, kommt eine unangenehme Maschinerie in Gang: Befindlichkeitsstörungen tauchen auf, Schmerzen melden sich zu Wort und letztlich kann es zu ernsthaften Erkrankungen kommen. Ist dieses Stadium erreicht, begreifen viele Menschen, dass sie in einer Krise stecken und an einem Wendepunkt in ihrem Leben angekommen sind. Was auch der Grund sein mag, sie haben ihre Balance verloren – und das gilt es mit einem deutlichen Kurswechsel zu beheben.

- Eine Unzufriedenheit kann sich auch direkt mit lauter Stimme bemerkbar machen und das Verlangen nach einer Veränderung auslösen – etwa eine Verbesserung der Leistung oder Optimierung des Verhaltens. Auf der Suche nach einer Lösung folgen wir in dieser Phase gerne jeder erfolgsversprechenden Empfehlung – meist jedoch ohne nachhaltige Wirkung. Letztlich gelingt der gewünschte Effekt nur mit einer selbstkritischen Analyse und einer darauf aufbauenden neuen Ausrichtung.

- Auch tiefgreifende Einschnitte – wie ein Unfall, der Verlust des Arbeitsplatzes, familiäre Zerwürfnisse oder der Tod einer nahestehenden Person – können zum Innehalten und Besinnen anregen. Abhängig von unserer Sensibilität und der Intensität des Ereignisses, erkennen wir früher oder später, dass wir etwas ändern müssen, um mit unserem Leben wieder in die Balance zu gelangen.

- Neben einem gebotenen Kurswechsel kann unsere Motivation auch darin begründet sein, einen Zustand der Zufriedenheit aufrechtzuerhalten und gegen negative Einflüsse abzusichern. Immer wenn wir zu unserem inneren Gleichgewicht gefunden haben, gilt es, diese komfortable Situation zu bewahren und gegen jegliche Störung zu verteidigen. Nur dann bleiben wir gesund, leistungsfähig und erfolgreich.

Je später wir uns mit unserer Situation auseinandersetzen, desto unangenehmer und schmerzhafter sind meist die notwendigen Korrekturen, um zu unserer Balance zu finden oder zurückzukehren. Je früher wir eine Dysbalance ausmachen, desto eher können wir einen Kurswechsel einleiten. So bleiben wir vor drastischen Änderungen verschont. Und je früher wir uns unserer erreichten Balance bewusst sind, desto eher können wir diesen Zustand gegen Störungen verteidigen. Auch deshalb sollten wir uns Zeit zum Innehalten und zur Besinnung nehmen – quasi einen Boxenstopp einlegen, um uns in Ruhe zu sortieren und unser Befinden zu kontrollieren. Machen Sie diesen Check in regelmäßigen Abständen – durchaus auch spontan, wenn Ihnen danach ist!

Doch warum reagieren wir erst mit Verzögerung, anstatt frühzeitig zu agieren? Leider erliegen wir in unserem Alltag so manchen Verlockungen und folgen gerne liebgewonnenen Gepflogenheiten. Diese Umstände sorgen dafür, dass wir die Notwendigkeit, uns bewusst etwas Zeit für uns zu nehmen, um in uns hineinzuhorchen und intensiv über uns nachzudenken, aus den Augen verlieren. Auch sind wir mit unseren Gedanken selten in der Gegenwart. Eher beschäftigen wir uns mit dem, was bereits geschehen ist oder noch vor uns liegt – mit den nächsten Terminen, Aufgaben und Pflichten. Zudem fehlt vielen Menschen heutzutage immer mehr die Fähigkeit, in ihren Körper hineinzuhören, der beizeiten zu einer Auszeit und einem selbstkritischen Blick mahnt. Ein weiterer Grund für unsere Zurückhaltung mag auch sein, dass wir uns schwertun, uns mit unangenehmen, vielleicht schon innerlich abgehakten Angelegenheiten erneut zu beschäftigen. Denn es besteht die Gefahr, dass wir mit unschönen Momenten oder eigenen Fehlern konfrontiert werden, wenn wir uns nochmals mit diesen Dingen auseinandersetzen. Auch gehören Veränderungen nicht zu den menschlichen Lieblingsdisziplinen. Dabei unterschätzen wir die positive Wirkung, die von einem behobenen Fehler oder einer Neuausrichtung ausgeht.

Da wir Bestandteil einer dynamischen Welt sind, in der sich die Rahmenbedingungen selten als konstant erweisen und Fehlentwicklungen zudem allzu menschlich sind, ist das Streben nach Balance ein ständiger Prozess und eine lebenslange Herausforderung.

Nutzen

Warum lohnt es sich, die Balance anzustreben? Balancing – das Erreichen und Halten unseres inneren Gleichgewichts – ist die Grundlage für unsere Zufriedenheit. Mit Ausgewogenheit und Stabilität finden wir zu innerer Ruhe. Dadurch erlangen wir Sicherheit und Souveränität, so dass wir auch in den kritischen Situationen des Lebens nicht die Kontrolle verlieren. Haben wir unsere

Balance gefunden, geht es uns gut. Wir sind belastbar und besitzen die Kraft, Herausforderungen zu trotzen. Wir funktionieren und können unser Potential entfalten. Sind wir ausgeglichen und gut aufgestellt, sind wir erfolgreich. Denn auch das lehrt uns die Natur:

Erfolgssysteme sind immer im Gleichgewicht!

Ohne Balance gibt es keinen nachhaltigen Erfolg – weder in der Natur noch auf privater und beruflicher Ebene.

Unsere Fähigkeit, Aufmerksamkeit, Empfindungen oder Handlungen bewusst zu steuern und so für Ausgewogenheit und Stabilität zu sorgen, ist ein Schlüsselfaktor für das Erreichen von bedeutenden Zielen – wie:

- Gesundheit und Wohlbefinden
- Lebensqualität und Lebensfreude
- Souveränität und Leistungsfähigkeit
- Produktivität und Kreativität

Balancing stärkt uns und bringt uns voran!

Schritte

Nachdem wir nun wissen, warum es sich lohnt, unsere Balance zu finden und aufrechtzuerhalten, stellt sich die Frage, wie wir zu ihr gelangen. Die Antwort gibt Anlass zur Hoffnung. Unser inneres Gleichgewicht lässt sich – je nach Zielrichtung und bestehender Dysbalance – auf unterschiedlichen Wegen erreichen. Es gibt vier bedeutende Ansätze, die zu Ausgewogenheit und Stabilität führen – dazu später mehr!

Welchen Weg wir auch einschlagen, welchem Ansatz wir auch folgen, stets durchlaufen wir diese Phasen:

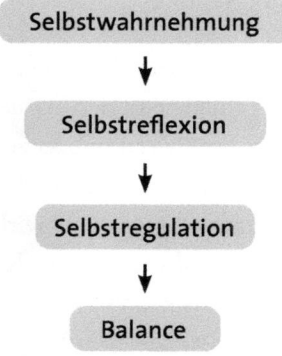

Mit der Selbst- oder auch Eigenwahrnehmung gewinnen wir wichtige Informationen über uns. Wie bei einer Bestandsaufnahme bestimmen wir unsere aktuelle Situation oder unseren Ist-Zustand. Dies ist für die Bewusstseinsbildung und unser Selbstbewusstsein unentbehrlich. Selbstwahrnehmung zielt nicht nur auf die Erfassung unserer äußerlichen, optischen Erscheinung. Sie geht tiefer – sie ist auch eine innere Einkehr. Mit der Selbstwahrnehmung sind vor allem diese Fragen verbunden:

Wie ist mein körperliches Befinden, was spüre ich an oder in meinem Körper?

Was habe ich für Gedanken und Gefühle?

Wie verhalte ich mich?

Was sind meine Kenntnisse, Fähigkeiten und Fertigkeiten?

Wichtig ist, dass wir unsere Wahrnehmungen nicht bewerten. Indem wir einen neutralen Status einnehmen und unseren Beobachtungen wertfrei begegnen – sie zulassen und sich frei entfalten lassen, ohne sie abzuwehren –, nehmen wir uns als das wahr, was wir wirklich sind. Auch wenn wir die Selbstwahrnehmung als etwas mühsam oder lästig empfinden, ist sie als Standortbestimmung ein substantieller Bestandteil auf dem Weg zu unserem inneren Gleichgewicht.

Die gewonnenen Informationen bilden die Grundlage für eine selbstkritische Betrachtung. Erst wenn wir unsere

Lage kennen, erhalten wir durch die Selbstreflexion eine Antwort auf die zentralen Fragen:

Befinde ich mich noch »auf Kurs«?

Wie weit bin ich vom richtigen Kurs abgekommen?

Selbstreflexion bezeichnet die Fähigkeit des Menschen, bewusst über sich nachzudenken – mit sich in Klausur zu gehen und sich zu hinterfragen. Das Ergebnis unserer selbstkritischen Betrachtung liefert uns auch wertvolle Informationen, inwieweit wir für das Balancing gerüstet sind:

Reichen meine Ressourcen aus?

Auf welche Stärken kann ich bauen?

Wo sind meine Schwachstellen?

**Wo habe ich Entwicklungspotential
und wo stoße ich an meine Grenzen?**

Sich bewusst und intensiv mit der eigenen Person auseinanderzusetzen, setzt eine ehrliche Vorgehensweise voraus – frei von Selbsttäuschung und Selbstbetrug. Nur wenn wir uns öffnen und die Dinge so bewerten, wie wir sie wirklich empfinden, können wir unserem Befinden und dem Grad unserer Zufriedenheit auf den Grund kommen. Um zu einem sauberen Urteil zu gelangen, sollten wir uns aber auch genügend Zeit nehmen. Mit »heißer Nadel« gestrickte Aktionen sind lediglich ein Zeichen eines stupiden Aktionismus und führen selten zum Ziel.

Auf der Suche nach einer schnellen Antwort schieben wir gerne anderen die Schuld zu. Bei ihnen sehen wir oft den Grund für bestimmte Ereignisse und auch für unser Befinden – andere sind schuld für unser Denken, Fühlen und Verhalten. Aber ist das nicht zu kurz gedacht? Halten wir doch das Ruder für unseren Lebensweg in der Hand und sind primär selbst für uns und unser Wohl verantwortlich. Auch wenn die Verantwortung für gewisse Ereignisse durchaus auf mehrere Schultern verteilt sein kann, führen uns unsere charakteristischen Eigenarten immer wieder in ähnliche Situationen. Zwischen unserer Person und den Dingen, die uns begegnen oder zustoßen, besteht ein Zusammenhang. Unser Leben ist typisch für uns! Es besteht aus einer engen Verbindung zwischen Innen- und Außenwelt – zwischen unserem Charakter und unseren Erlebnissen. Sobald wir dies erkannt haben, führen uns Fragen wie »Warum gerate ich immer an die falschen Freunde/Lebenspartner?« oder »Warum werde ich immer gemobbt?« zu einer offeneren Sichtweise und damit auch zu neuen Antworten.

Das Resultat Ihrer selbstkritischen Betrachtung kann in zwei Richtungen weisen: Daumen hoch oder runter! Entweder Sie gelangen zu dem Ergebnis, dass Sie sich mit Blick auf Ihr inneres Gleichgewicht »auf Kurs« befinden und mit Ihrer Lebensweise zufrieden sein können, oder, dass Sie vom Kurs abgekommen sind. Je nach Ausrichtung Ihres Daumens stellt sich eine dieser Fragen:

Wie sieht die richtige Strategie aus, um zufrieden zu bleiben und meine Balance zu sichern?

Was ist zu tun, um mein inneres Gleichgewicht zu erzielen?

Zu welchem Ergebnis Sie auch kommen – Sie müssen aktiv werden!

Selbstregulation steht für alle Maßnahmen, die wir ergreifen, um den zielführenden Kurs zu steuern – ihn einzuhalten, um unsere Balance nicht zu gefährden, oder Kurskorrekturen vorzunehmen, um zu unserem inneren Gleichgewicht zu gelangen. Zu Kursabweichungen kommt es immer dann, wenn wir nicht das rechte Maß finden – wenn wir etwas zu intensiv betreiben oder aber vernachlässigen. Eine derartige Situation schleicht sich gerne ein, wenn sich Nachlässigkeiten ihren Weg bahnen und wir ungesunden, aber liebgewonnenen Gewohnheiten folgen. Wie Sie sich richtig positionieren und Fehlentwicklungen vermeiden oder korrigieren, erfahren Sie in Kürze.

Im Alltag vollziehen wir die verschiedenen Phasen vielfach unbewusst und betrachten die einzelnen Aktionen selten als eigenständige Prozesse. Wenn wir jedoch jeden Schritt bewusst erleben, gewinnen wir einen wertvollen Einblick in den Ablauf.

»Selbst« ist ein zentraler Bestandteil, wenn es darum geht, unser inneres Gleichgewicht zu erzielen. Der Marsch zu unserer Balance ist eng verbunden mit diesen Begriffen:

- Selbsthilfe
- Selbstbestimmung
- Selbstwirksamkeit

Sich selbst zu helfen ist eine natürliche Fähigkeit, die in uns verankert ist und die es zu gegebener Zeit zu aktivieren gilt. Es ist jedoch unsere eigene, freie Entscheidung, ob und wann wir uns dazu entschließen, unsere Balance zu finden und so für eine Verbesserung unserer Situation zu sorgen. Selbstwirksamkeit beruht auf der Überzeugung, dass wir über Fähigkeiten und Fertigkeiten verfügen, um eine Aufgabe zu bewältigen oder ein Problem zu lösen. Damit einher geht das Vertrauen, mit den eigenen Ressourcen etwas bewirken und erreichen zu können. Letztlich sind wir aber selbst für unser Wohlbefinden verantwortlich. So beruht Selbstwirksamkeit auch auf der Verpflichtung, Verantwortung für die eigene Person zu übernehmen und selbst die Initiative zu ergreifen. Sehr eindrucksvoll beschreibt dies eine indische Weisheit:

>Heute, in diesem Moment, bist du das Opfer all deiner Entscheidungen, die du in deinem Leben getroffen hast. Du bist das Opfer deiner Vergangenheit. Gleichzeitig bist du mit dem heutigen Tag auch Schöpfer deiner Zukunft.«

Für die Introspektion müssen Sie sich nicht gleich in ein Kloster zurückziehen oder auf dem Jakobsweg pilgern. Vielleicht finden Sie hin und wieder Gelegenheit zu etwas Bewegung an der frischen Luft in freier Natur. Bewegung bewegt – auch unsere Gehirnaktivitäten. Ein Aufenthalt abseits der alltäglichen Betriebsamkeit verbessert nicht nur den Zugang zu unserem Inneren, er bietet auch beste Voraussetzungen, um in aller Abgeschiedenheit nachzudenken. Das kann auch dazu führen, dass sich unser Blick für den Sinn öffnet – den Sinn, den wir unserem Leben oder unserer Arbeit geben. Die Kombination von leichter körperlicher Aktivität in angenehmer Atmosphäre und störungsfreier Umgebung ist die ideale Voraussetzung für ein gutes Ergebnis.

Was passiert, wenn wir nicht zu unserem inneren Gleichgewicht finden oder unsere Balance nicht aufrechterhalten? Ohne Balancing geschieht dies:

- Wir sind unausgeglichen, unzufrieden und fühlen uns unwohl.
- Es passt wenig zusammen und vieles läuft nicht wirklich rund.
- Unsere Leistung lässt nach und der Erfolg bleibt aus.
- Wir versperren uns den Weg zu unseren Zielen.
- Wir laufen Gefahr, in eine Krisensituation zu geraten.

Damit Ihnen dies nicht widerfährt, erfahren Sie nun, wie Sie zu Ausgewogenheit und Stabilität gelangen.

WEGE ZUR BALANCE

Unser inneres Gleichgewicht lässt sich auf unterschiedlichen Wegen erreichen. Das Ergebnis aus Selbstwahrnehmung und Selbstreflexion weist uns die Richtung. Im Grunde läuft es darauf hinaus, die richtige Position zu erzielen und die Balance zu halten – sich gut auszurichten und Fehlentwicklungen entgegenzuwirken. Auf dieser Grundlage gibt es vier bedeutende Ansätze, die zu Ausgewogenheit und Stabilität führen:

- Unsere Balance erzielen wir vor allem durch den richtigen Umgang mit Stress. Stress ist eine in unseren Genen verankerte körperliche Reaktion, die uns ein Leben lang begleitet – in guten wie in schlechten Zeiten.

- Für Ausgewogenheit und Stabilität sorgt auch ein ausgeglichener Energie-Haushalt. Es scheint ein besonderes Phänomen unserer heutigen Zeit zu sein, dass wir allzu sorglos mit unseren Kraft-Spendern und Energie-Fressern umgehen.

• Unterschätzt und dadurch vielfach auch vernachlässigt werden Notwendigkeit und Wirkung eines ausgewogenen Miteinanders von Polaritäten. Indem wir Gegensätze nicht nur zulassen, sondern bewusst gegensätzliche Positionen einnehmen, ebnen wir den Weg zu unserem inneren Gleichgewicht.

• Die richtige Ausrichtung im System Mensch befasst sich mit der »Trilogie des Menschseins«. Wenn das Zusammenspiel von Körper, Geist und Seele stimmt, sind wir zu einer beachtlichen Performance fähig – wie die atemberaubenden Vorführungen der Shaolin-Mönche und die erstaunlichen Leistungen von Spitzensportlern belegen.

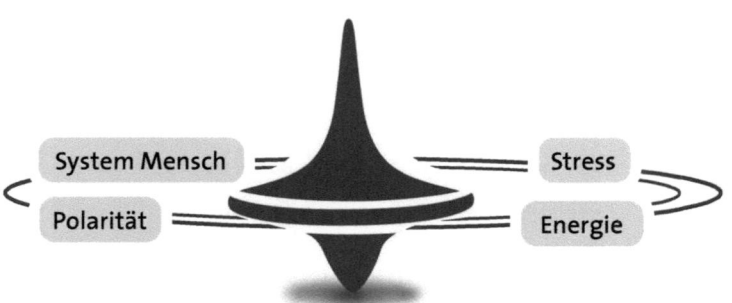

Bevor Sie einem Ansatz folgen und den entsprechenden Weg einschlagen, sollten Sie in Erfahrung bringen, was Sie erwartet und worauf Sie sich einlassen. In den folgenden Kapiteln haben Sie Gelegenheit, sich mit den Themen

- Umgang mit Stress
- Gestaltung des Energie-Haushalts
- Miteinander von Polaritäten
- Ausrichtung im System Mensch

auseinanderzusetzen und vertraut zu machen.

Mit dem Zuschnitt der Ebenen werden die Themen akzentuiert, bei denen wir uns schnell in einer ungesunden Einseitigkeit verfangen können. Gerade der richtige Umgang mit Stress hat eine besondere Bedeutung für unser inneres Gleichgewicht – das ist nicht nur meine persönliche Erfahrung. Bei näherer Betrachtung werden Sie feststellen, dass sich die vier Ansätze teilweise überschneiden und ineinandergreifen. So kann sich eine gute Aktion gleich auf mehreren Ebenen positiv auswirken. Je besser unsere Position auf den jeweiligen Ebenen, desto stabiler ist unsere Balance.

STRESS

Warum es sich für Sie lohnen kann, weiterzulesen und sich detaillierter mit der Stress-Thematik zu beschäftigen, entnehmen Sie den folgenden Fragen:

Gibt es Momente, in denen ich mich überlastet und überfordert fühle?

Wünsche ich mir in diesen Situationen Besonnenheit und Gelassenheit?

Plagen mich anhaltende psychische Belastungen?

Begleiten mich hartnäckige Befindlichkeitsstörungen oder leide ich bereits an chronischen Beschwerden, die nicht organisch bedingt sind?

Möchte ich mehr über den Mechanismus erfahren, der uns tagtäglich begleitet und unser Leben maßgeblich beeinflusst?

Will ich mir eine wahre Meisterleistung unseres Körpers zunutze machen?

Was ist Stress eigentlich? Fakt ist, dass wir den Begriff gerne und vielfältig verwenden – etwa in Aussagen wie »Das stresst mich« oder »Ich bin gestresst«. Mitunter kann sogar der Eindruck entstehen, dass sich Stress zu einem Statussymbol entwickelt hat. Denn wer ständig gefordert wird und permanent im Mittelpunkt steht, gilt und versteht sich als wichtiges Glied der Gesellschaft. Dieser im Grunde vollkommen normalen und durchaus sinnvollen körperlichen Reaktion haftet durchaus etwas Mystisches an, was sicherlich zu einem großen Teil ihrer Ambivalenz geschuldet ist:

- Stress beflügelt – kann aber auch lähmen!
  Stress befähigt uns zur Höchstleistung –
  zu viel Stress bewirkt jedoch das Gegenteil.

- Stress rettet unser Leben – kann uns aber auch
  krank machen!
  Stress hilft uns in bedrohlichen Situationen –
  zu viel Stress birgt jedoch tiefgreifende Gefahren
  für unsere Gesundheit und kann Menschen
  sogar in den Suizid treiben.

Über Stress, das Reizwort schlechthin, existieren ein gefährliches Halbwissen und eine Reihe von Vorurteilen, die sich in vielen Köpfen eingenistet haben. Das liegt vor allem daran, dass wir gemeinhin all das, was mit Stress einhergeht, als unangenehm und störend empfinden. Zudem haben wir seine evolutionsbiologische Schutzfunktion und die mit Stress verbundenen positiven Aspekte aus den Augen verloren.

Um die Zusammenhänge und Widersprüche besser zu verstehen, helfen ein Rückblick in die Anfänge der menschlichen Geschichte – zu unseren Urvorfahren, deren Gene wir heute noch in uns tragen – und ein kurzer Einblick in die Stress-Biologie.

Vor Urzeiten war es überlebenswichtig, stets wachsam und für die Abwehr einer bedrohlichen Situation gewappnet zu sein. So genügte bereits ein leichtes Knacken im Unterholz, um das Stress-System hochzufahren – denn wenn der Säbelzahntiger zum Sprung angesetzt hatte, war das menschliche Schicksal bereits besiegelt. Allzu entspannte Menschen hatten zu dieser Zeit schlechte Überlebenschancen. Das auffällige Geräusch im Unterholz sorgte dafür, dass unsere Vorfahren in Alarmbereitschaft – in Anspannung und Erregung – versetzt wurden. Über Jahrtausende hinweg hat sich das, was sich bei Stress in unserem Körper abspielt, nicht verändert. Sehr vereinfacht dargestellt, sorgt ein komplexes Zusammenspiel von Nerven- und Hormonsystem dafür, dass wir in Sekundenschnelle zu einer Höchstleistung bereit sind – um wie bei unseren Vorfahren zu kämpfen oder zu flüchten. Ausgehend von Gehirnimpulsen, wird der Sympathikus, ein Nervenstrang des vegetativen Nervensystems, aktiviert. Das sympathische Nervensystem, das für die körperliche Mobilmachung sorgt, verläuft entlang der Wirbelsäule und erreicht alle wichtigen Organe. In den Nebennieren führt die neuronale Alarmierung zur Ausschüttung des hinlänglich bekannten Stress-Hormons Adrenalin. Das Zusammenspiel von aktiviertem Sympathikus und Adrenalin bewirkt u. a. eine intensivere Atmung, eine Stimulierung des Blutkreislaufs, eine Erhöhung der Muskelspannung, eine erhöhte Aufmerksamkeit und die Bereitstellung von Energie. Damit uns für die »fight or flight«-Aktion möglichst viel Energie zur Verfügung steht, werden die nicht lebensnotwendigen Körperfunktionen gedrosselt und heruntergefahren. So arbeiten unsere Verdauungsorgane in Stress-Situationen nur auf Sparflamme. Die Wirkung von Adrenalin ist explosionsartig, aber nur von begrenzter Dauer – wenige Minuten, je nach individueller Veranlagung und Intensität des stressauslösenden Reizes.

Sofern es uns gelingt, die Stress-Situation im Zuge der initialen Aktivierung zu bewältigen, endet die akute Stress-Reaktion. Ist dies jedoch nicht der Fall und die Stress-Situation gerät nicht unter Kontrolle – wie bei einer zwar gelungenen Flucht, aber dem anhaltenden Verdacht, dass der vierbeinige Angreifer noch in der Nähe auf einen zweiten Versuch lauert –, bleibt das sympathische Nervensystem aktiviert. Parallel kommt es dann zur Ausschüttung des eher unbekannten Stress-Hormons Kortisol. Mit der verspäteten Stress-Reaktion blieb das Stress-System unserer Vorfahren so lange aktiv, blieb ihr Körper so lange angespannt und erregt sowie zur Leistung bereit und fähig, bis die tierische Gefahr endgültig abgewendet war und sie sich sicher fühlten.

Nach erfolgreicher Stress-Bewältigung – nach siegreichem Kampf oder der Flucht in die Sicherheit – fährt das Stress-System wieder herunter. Der Parasympathikus, der zweite Nervenstrang des vegetativen Nervensystems, übernimmt in dieser Phase die Regie und führt den Körper aus dem angespannten Modus in die Beruhigung zurück. Damit endet die körperliche Mobilmachung, die Ausschüttung der Stress-Hormone wird eingestellt und das Nervensystem schaltet auf erholsame Entspannung um.

Gelingt es uns nicht, die Stress-Situation zu bewältigen – wie wenn unsere Vorfahren in ständiger Angst vor dem wilden Tier lebten –, geraten wir in chronischen Stress. Ist die Stress-Dauer zu lang, verfängt sich unser Körper in einer Spirale permanenter Anspannung und wird vom Stress-Hormon Kortisol geradezu überflutet. Dabei unterschätzen wir, was sich in unserem Körper zunächst unauffällig und leise, aber pausenlos und sehr wirkungsvoll abspielt. Je länger das Stress-System aus dem Lot gerät, desto höher sind die gesundheitlichen Risiken und desto schwerer lässt es sich wieder ins Gleichgewicht bringen.

Durch Verleugnung und Verdrängung haben wir den richtigen Umgang mit Stress verlernt. Um nicht als wenig belastbar und stressanfällig abgestempelt zu werden, scheuen wir uns vor einer konstruktiven Auseinandersetzung mit der Erscheinung, die uns durchaus Vorteile bescheren kann. Denn gerade in akuter Form – als Kurzzeitereignis – und in der richtigen Dosierung, ist Stress hilfreich und wertvoll. Doch wenn die Stress-Intensität zu hoch ist oder chronischer Stress Besitz von uns ergriffen hat, offenbaren sich mit den negativen Begleiterscheinungen die Schwachstellen des Stress-Systems. Auch scheint uns nicht wirklich bewusst zu sein, dass unser heutiger Lebensstil – gekennzeichnet durch Bewegungsmangel und ausbleibende Ruhephasen – nicht zu dem Mechanismus passt, der nach demselben Muster wie zu Urzeiten abläuft.

Wie gelingt der richtige Umgang mit Stress? Für die Antwort sollten wir uns diesen drei Punkten zuwenden:

- Stress-Muster
- Stress-Management
- Finaler Akt

Stress-Muster

Der richtige Umgang mit Stress basiert auf dem Wissen, was Stress ist, was ihn verursacht und wie er im und auf den menschlichen Körper wirkt. Von essentieller Bedeutung ist somit die Kenntnis unseres persönlichen Stress-Musters – der bedeutenden Stress-Quellen, Intensität und Dauer der Stress-Reaktion sowie der spezifischen Stress-Symptome.

Was verursacht Stress?

Es gibt viele Faktoren, die unseren Körper in Anspannung und Erregung versetzen können. Alltäglich sind wir vielfältigen Situationen ausgesetzt, die das Potential haben, Stress in uns auszulösen – wie respektlose Zeitgenossen oder das Klebeband, das sich nicht von der Rolle ablösen lässt. Jeder Mensch hat seine eigenen, speziellen Stress-Quellen, die bei erwachsenen Personen gerne im beruflichen Umfeld vermutet und ausgemacht werden. Aber auch auf privater Ebene – etwa in Partnerschaft oder Familie – können Situationen entstehen, die in Stress münden.

Als Stress-Verursacher weithin unterschätzt sind unsere ungesunden Eigenarten wie Perfektionismus oder Ungeduld. Dazu gesellt sich mit unseren Gedanken – gerade wenn sie sich in unserem Kopf festgesetzt haben – eine sehr ergiebige Stress-Quelle. Da unser Stress-System nicht zwischen Realität und Fiktion unterscheidet, reicht oft schon ein störender Gedanke aus, um es in Gang zu setzen und kräftig anzuheizen. Während wir positive, angenehme Gedanken meist schnell abhaken, gönnen uns die negativ gefärbten, bedrückenden und belastenden Gedanken wie Selbstvorwürfe oder Sorgen vielfach keine Ruhe. Auch unsere Empfindungen – allen voran Angst und auch unser Mitgefühl – können Stress auslösen. Umfragen belegen, dass das Ranking der Stress-Faktoren heutzutage angeführt wird von ständiger Erreichbarkeit und permanenter digitaler Reizüberflutung.

Häufig wird außer Acht gelassen, dass auch freudige Momente – wie ein Lottogewinn oder die Geburt eines

Kindes – Stress verursachen können. Dieser Umstand liegt vor allem daran, dass wir diese Stress-Reaktion anders empfinden als bei negativen Ereignissen.

Ob ein Ereignis letztlich zu Stress führt, hängt von unserer Bewertung ab – hängt davon ab, wie wir die Situation wahrnehmen und einschätzen. Im Mittelpunkt steht dabei unsere persönliche Antwort auf die Frage, ob wir das Ereignis verunsichernd, herausfordernd, bedrückend oder belastend empfinden. Diese Überprüfung spielt sich im Bruchteil einer Sekunde in unserem Gehirn ab.

Wie gestaltet sich die Stress-Reaktion?

Wir benötigen eine gewisse Stress-Intensität, um unsere volle Leistungsfähigkeit zu entfalten. Bei richtiger Dosierung können wir unter Stress eine »challenge reaction« entwickeln, in der unsere Aufmerksamkeit, Konzentration und Kreativität steigen. In Situationen, die uns fordern, aber nicht überfordern, die uns belasten, aber nicht überlasten, können wir geradezu aufblühen. Die Aktivierung des sympathischen Nervensystems sowie die dadurch bewirkte Freisetzung der Stress-Hormone Adrenalin und Kortisol sind vollkommen normale körperliche Reaktionen und stellen kein Gesundheitsrisiko dar. Wenn wir kurz unser Herz-Kreislauf-System strapazieren, ist dies nicht unbedingt schädlich – sofern keine Erkrankung oder ärztliche Empfehlung zur Vorsicht mahnen.

Ist die Stress-Dosis zu gering und werden wir nicht ausreichend gefordert, nehmen unsere Konzentration und Aufmerksamkeit ab – ohne entsprechende Stimulanz ist unsere Leistung suboptimal. Fehlt der (An-)Reiz, können wir uns schnell gelangweilt und unterfordert fühlen. Damit steigt unsere Unzufriedenheit.

Ist die Dosis und damit die Stress-Intensität zu hoch, fühlen wir uns dagegen überfordert und überlastet. In diesem Moment mangelt es uns an Gelassenheit, Sicherheit und Souveränität, wodurch wir schnell unkontrolliert und kopflos reagieren. Das sind eindeutige Anzeichen dafür, dass wir unseren Leistungszenit überschritten haben. Mit einem Mal sind die positiven Aspekte der »challenge reaction« verflogen.

Erinnern Sie sich noch an frühere Prüfungssituationen – als Schüler oder Student? Waren Sie sich allzu sicher, gingen Sie unkonzentriert ans Werk. Dann fehlten Ihnen die notwendige Anspannung und Aufmerksamkeit. Dominierte die Angst, fielen Ihnen die richtigen Antworten nicht mehr ein und es drohte ein Blackout. Nur mit einem gesunden Maß an innerer Anspannung waren Sie in der Lage, Ihr Wissen abzurufen, um die gestellten Fragen richtig und umfassend zu beantworten.

Den Einfluss der Stress-Intensität auf unsere Leistung verdeutlicht dieses Schaubild:

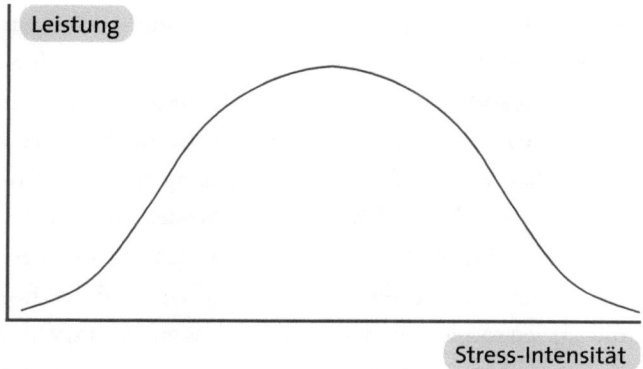

Wie macht sich Stress bemerkbar?

Grundsätzlich geht Stress einher mit einer intensiveren Atmung und Herztätigkeit sowie einer muskulären Anspannung.

Bei einer zu hohen Stress-Intensität zeigen die Betroffenen Anzeichen einer Überforderung – wie fehlende Besonnenheit, aufkommende Unsicherheit und Kontrollverlust.

Besondere Aufmerksamkeit verlangen anhaltende psychische Belastungen, die ein weitläufig unterschätztes Gefahrenpotential für unsere Gesundheit bergen. Während wir akuten Stress bewusst und meist intensiv erleben, bleibt die gesundheitsschädigende Wirkung von chronischem Stress anfänglich vielfach unerkannt. Da wir die stillen, nachhaltigen Stress-Verursacher und die dadurch ausgelöste Kettenreaktion in unserem Körper – wenn überhaupt – nur unterschwellig wahrnehmen, sehen wir selten einen kausalen Zusammenhang zwischen Ursache und Wirkung. Zur Veranschaulichung der mitunter schwer auszumachenden Quellen, die chronischen Stress verursachen können, finden Sie im Anhang die leichte Abwandlung der »Wasserlehre«. In uns brodelt ein Vulkan, und wir merken nichts davon. Wir wähnen uns in trügerischer Sicherheit. Dabei sitzen wir auf einem Pulverfass und spielen sorglos mit dem Feuer – ohne zu wissen, wann die Explosion erfolgt und wie heftig sie sein wird. Sicher ist nur, dass sie kommt – mit meist gravierenden gesundheitlichen Beschwerden.

Die Brisanz von chronischem Stress fällt bei diesem Schaubild ins Auge:

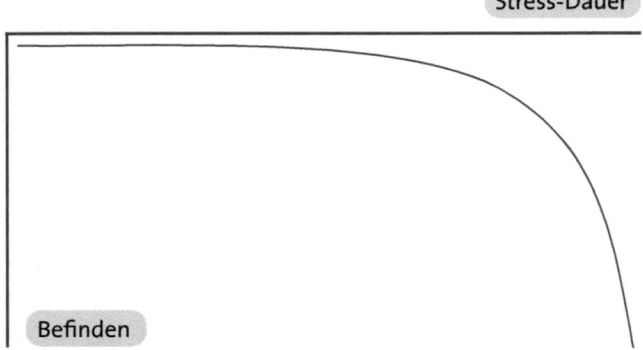

Bei anhaltendem Stress entwickeln sich die gesundheitsrelevanten Symptome oft schleichend, reduzieren aber über die Jahre konsequent unser Wohlbefinden. Aus harmlos erscheinenden Befindlichkeitsstörungen entwickeln sich oft chronische Beschwerden bis hin zu ernsthaften Erkrankungen. So offenbaren sich die vielfältigen, mitunter sogar tiefgreifenden gesundheitlichen Folgen einer psychischen Dauerbelastung vor allem im fortgeschrittenen Alter. Das darf jedoch nicht darüber hinwegtäuschen, dass bereits immer mehr Jugendliche und auch Kleinkinder mit deutlichen Spuren von zu viel Stress gekennzeichnet sind. Die Liste der nachweislich bestehenden Gefahren für unsere Gesundheit und unser Wohlbefinden ist lang und umfangreich. Neben den klassischen Symptomen wie Muskelverspannungen, Schlafstörungen und Magen-Darm-Beschwerden kann chronischer Stress auch zu Depressionen und Schädigungen des Gehirns führen – sogar die Ausbreitung von Krebs wird mit chronischem Stress in Verbindung gebracht. Wenn wir erst warten, bis sich die Stress-Symptome deutlich bemerkbar machen, kann unsere Gesundheit bereits so stark angegriffen sein, dass eine Regeneration Monate dauert – nicht selten ist eine vollständige Genesung dann kaum mehr möglich.

Stress-Management

Mit Blick auf Ihr inneres Gleichgewicht sollten Sie in der Lage sein, den Stress-Mechanismus zu kontrollieren: Je nach empfundener Intensität und Dauer der Stress-Reaktion ist es klug, den Stress zuzulassen, um seine hilfreichen Aspekte bewusst zu nutzen, oder auf ihn einzuwirken, um vor allem die gesundheitlichen Risiken abzuwenden. In welche Richtung sich die Stress-Reaktion entwickelt und wie intensiv sie ausfällt, ist keinesfalls festgeschrieben. Das liegt allein in unserer Hand!

Begegnen Sie Strategien zur Vermeidung von Stress stets kritisch! Wenn wir jede Stress-Reaktion abblocken oder bereits im Keim ersticken, sind wir nicht in der Lage, vom Stress zu profitieren. Denn neben der positiven Auswirkung auf unsere Leistung sorgt die Konfrontation mit schwierigen Situationen dafür, dass wir wichtige Erfahrungen sammeln, die uns psychisch stärken. Hans Selye, ein ungarisch-kanadischer Mediziner, der als Vater der Stress-Forschung gilt, wurde nicht müde zu betonen, dass unserem Leben ohne Stress die richtige Würze fehlt:

>**»Stress is
the spice of life.«**

Wie gelingt es uns, den Stress zu managen? Wie gewinnen wir die Kontrolle über den Stress? Welche Stellschrauben uns zur Verfügung stehen, um auf den Stress-Mechanismus einzuwirken, verdeutlicht dieses Schaubild:

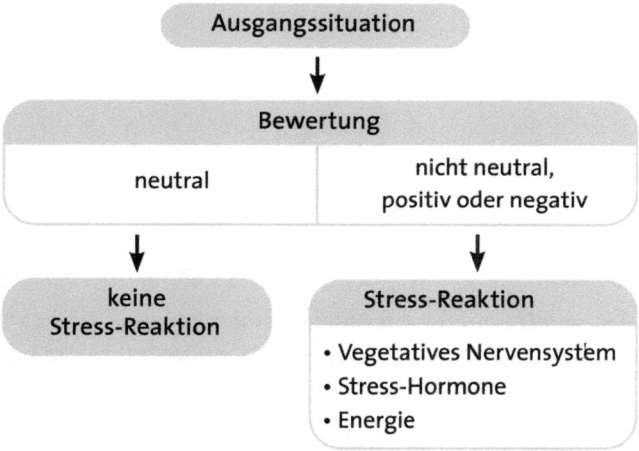

1. Ausgangssituation

Dass wir alltäglich Situationen ausgesetzt sind, die uns in Anspannung und Erregung versetzen können, ist unabänderlich. Ein kritischer Blick auf unsere Stress-Quellen macht uns vielfach deutlich, dass wir vieles von dem, was uns zermürbt, bedrückt und belastet, selbst neutralisieren können. Als Fazit bleibt die nicht immer einfach umzusetzende Erkenntnis, dass wir uns von dem befreien sollten, was uns im Grunde nur stresst und uns mehr nimmt als gibt – was uns Zeit, Energie und Wohlbefinden raubt, ohne uns dafür einen adäquaten Gegenwert zu liefern. Wenn wir einen Blick auf all das Überflüssige, Störende und Belastende werfen, entdecken wir eine Mixtur aus:

- Aktivitäten
- Beziehungen
- Gegenständen
- Gedanken und Gefühlen
- Verhaltensweisen

Unser Alltag besteht aus vielen Aktivitäten. Einige davon erweisen sich als psychisch belastend und machen uns das Leben schwer. Hier besteht Handlungsbedarf – indem wir verzichten, kürzertreten oder uns zumindest Hilfe und Unterstützung suchen. Wenn Sie sich nicht sicher sind, wo Sie ansetzen sollen, notieren Sie eine Woche lang alle Aktivitäten. Markieren Sie das, was Sie stark beansprucht oder was Sie als störend empfinden! Überlegen Sie dann, wie Sie mit den markierten Aktivitäten jeweils verfahren wollen!

Soziale Kontakte können sehr wohltuend sein und sich als wahre Kraft-Quellen erweisen. Es kann aber auch sehr befreiend wirken, wenn wir uns von bestimmten Personen distanzieren oder Kontakte abbrechen. Beziehungen zu Menschen, in deren Gegenwart wir uns nicht wohlfühlen und die nichts zu unserer Zufriedenheit beitragen, sind Sackgassen. Dazu gehören auch Freundschaften, die nicht belastbar und einfach nur anstrengend sind. Zu Ihrem Selbstschutz sollten Sie auch hier unbedingt handeln.

Wenn wir uns kritisch und ehrlich betrachten, werden wir feststellen, dass wir lediglich einen Bruchteil unserer Besitztümer oft und gerne nutzen. Gerade beim Aufräumen tauchen oftmals Dinge auf, die wir lange Zeit nicht mehr in der Hand hatten und auch nicht vermissten. Besitzen wir zu viel, verlieren wir schnell den Überblick, was sich im Laufe der Jahre angesammelt hat. Dann kann Besitz eine durchaus belastende Wirkung entfachen. Nicht bei allen Sachen fällt es uns jedoch leicht, wenn wir sie aussortieren. Viele Gegenstände haben ihre eigene Geschichte – sie erinnern uns an bestimmte Personen oder besondere Momente. Doch wenn wir uns von den Sachen trennen, die überflüssig und nutzlos geworden sind, verschaffen wir uns Erleichterung. Zudem heißt Trennung nicht zwangsläufig Wegwerfen. Damit Ihnen die Befreiungsaktion nicht zu schwer fällt, bestehen in Verschenken oder Spenden durchaus sinnvolle Alternativen.

Unsere Gedanken und Empfindungen zählen zu den Stress-Quellen, die immer wieder unterschätzt werden. Es liegt in der Natur des Menschen, dass sich positive, angenehme Gedanken und Gefühle schnell verflüchtigen, während sich das Belastende und Bedrückende gerne festsetzt. Um beruhigend auf die Plagegeister und Unruhestifter einzuwirken und zumindest für eine Zeitlang von ihnen Abstand zu gewinnen, stehen uns mit Achtsamkeit und Meditation zwei probate Ansätze für eine stabilere innere Haltung zur Verfügung. Bei der Meditation richten wir unsere Aufmerksamkeit konzentriert auf das Meditationsobjekt – wie etwa unsere Atmung. Indem wir bei Störungen immer wieder zum Meditationsobjekt zurückkehren und uns nicht ablenken lassen, kontrollieren wir aufkommende Gedanken oder Gefühle und nehmen ihnen damit die Kraft. Bei der Achtsamkeit öffnen wir unsere Wahrnehmung und aktivieren unsere Sinne. Wir nehmen wahr, was gerade passiert – ohne es zu bewerten. Im Gegensatz zur Meditation verweilen wir bei der Achtsamkeit bei den auftretenden Gedanken oder Gefühlen – wir nehmen sie wertfrei wahr, um uns dann wieder von ihnen zu trennen. Neben diesen beiden klassischen Grundformen, die ähnliche Wirkungsweisen zeigen, gibt es zahlreiche Varianten und Mischformen, die je nach individuellen Neigungen und Vorlieben Anwendung finden.

Wollen wir uns unserer belastenden Verhaltensweisen – wie dem Hang zu Perfektionismus oder Ungeduld – entledigen, können wir auf eine Verhaltenstherapie zurückgreifen. Im Mittelpunkt derartiger Methoden steht der Auslöser für unsere unliebsamen und übertriebenen Reaktionen, die uns das Leben schwer machen und dabei Stress verursachen. Die Quelle des Übels sind meist unsere irrationalen, unangemessenen Ansichten.

Es gibt aber auch stressauslösende Faktoren, die wir nicht direkt verändern können. In diesen Fällen können wir den störenden Ballast abwerfen, indem wir loslassen – die Dinge hinnehmen, tolerieren und annehmen, wie sie sind. Die indische Ordensschwester und Nobelpreisträgerin Mutter Teresa brachte es auf den Punkt:

> **»Die Dinge loszulassen**
> **bedeutet nicht,**
> **sie loszuwerden.**
> **Sie loszulassen bedeutet,**
> **dass man sie sein lässt.«**

Weil wir jedoch lieber aktiv sind und gestalten, anstatt passiv zu sein und etwas zuzulassen, versuchen wir meist die Dinge zu verändern oder gar abzustellen. Ändern wir stattdessen unsere Einstellung, gelingt uns ein Erfolg auf mehreren Ebenen: Wir entkommen der Stress-Falle, zeigen Souveränität und vermeiden ein kräftezehrendes, zermürbendes wie auch meist erfolgloses Unterfangen.

Die Bewusstwerdung, wovon wir uns konkret befreien sollten, ist ein intensiver, aber durchaus heilsamer Prozess. Indem wir uns kritisch mit der Ausgangssituation auseinandersetzen, können wir die Entstehung einer ungeliebten Stress-Reaktion verhindern. Ist diese bereits aktiviert, haben wir zudem die Möglichkeit, sie zu jedem Zeitpunkt zu stoppen.

2. Bewertung

Unsere Bewertung ist ein bedeutender Faktor für das Entstehen von Stress. So lohnt es sich, unser Bewertungsmuster immer wieder zu überprüfen, wenn wir auf den Stress-Mechanismus einwirken wollen. Unsere Beurteilung kann durchaus anders ausfallen, nachdem wir uns in einen anderen Menschen und seine persönliche Situation hineinversetzt oder weitere, urteilsrelevante Informationen gewonnen haben. Eine nicht zu unterschätzende Wirkung auf unsere Sichtweise kann auch unsere physische und psychische Verfassung haben. Denn wenn wir körperlich fit und ausgeglichen sind, bewerten wir durchaus anders, als wenn wir uns unwohl fühlen oder in einer angespannten Verfassung sind.

Mit der Wahl unserer Bewertung verfügen wir über ein weiteres bedeutendes Steuerungsinstrument. Indem wir eine Situation neutral bewerten – sie weder positiv noch negativ beurteilen –, können wir Stress unterbinden oder jederzeit auf den in Gang gesetzten Stress-Mechanismus einwirken.

3. Stress-Reaktion

Letztlich haben wir noch die Möglichkeit, vor allem mit Hilfe von Entspannungstechniken auf das vegetative Nervensystem einzuwirken – genauer formuliert, den

Sympathikus zu beruhigen und den Parasympathikus anzuregen. Dadurch wird die Stress-Reaktion in ihrer Wirkung gemildert.

Doch wie gelingt es uns, zu entspannen? Was können wir tun, um in einen Entspannungsmodus zu gelangen? Um es vorwegzunehmen: Den einzig wahren Weg zur Entspannung gibt es nicht! Wir sind aber in der komfortablen Lage, uns aus einem reichhaltigen Angebot von unterschiedlichen Ansätzen zu bedienen. Dazu zählen:

- Autogenes Training
- Progressive Muskelentspannung
- Atmung
- Bewegung
- Entspannende Lieblingstätigkeit
- Nichtstun

Für jeden Charakter und jede Neigung ist etwas Passendes dabei. Die größte Wirkung erreichen wir, wenn wir uns aktiv entspannen – wenn wir nicht auf Entspannung warten, sondern den Prozess bewusst einleiten und wach bleiben.

Das Autogene Training ist eine autosuggestive Methode, bei der bestimmte Formeln von Ruhe, Schwere und Wärme angewendet werden – wie »Ich bin vollkommen ruhig«, »Meine Arme sind schwer« oder »Meine Beine sind wohlig warm«. Durch das mehrfache Wiederholen der Entspannungsformeln werden diese zum festen Bestandteil in unserem Unterbewusstsein, das einen entspannenden Impuls an das vegetative Nervensystem sendet.

Wenn Sie zu den vernunftbetonten, eher agilen Personen zählen, die sich mit den autosuggestiven Formeln beim Autogenen Training schwer tun, steht Ihnen mit der Progressiven Muskelentspannung eine lebendigere Alternative zur Verfügung. Diese Art der Entspannung basiert auf dem Zusammenhang zwischen innerer und muskulärer Anspannung sowie muskulärer Entspannung und innerer Beruhigung. Bei diesem Ansatz folgt einer gezielten muskulären Anspannung eine abrupte Lockerung. Der durch diesen starken Kontrast ausgelöste Impuls erreicht das vegetative Nervensystem, das über den Parasympathikus eine Entspannung einleitet. Werden die Muskeln langsam entspannt, zeigt sich diese Wirkung nicht. Autogenes Training und Progressive Muskelentspannung gehören in Deutschland zu den am häufigsten angewandten Entspannungsverfahren.

Unsere Atmung wird vom vegetativen Nervensystem gesteuert und erfolgt meist unbewusst. Gerade in Stress-Situationen geraten wir in die flache, kurze Brustatmung. Wenn wir jedoch zu einer tiefen, intensiven Atmung unter Einbeziehung von Nase, Zwerchfell und Mund übergehen, finden wir – mit etwas Übung – Zugang zu einer

Atemtechnik, die sehr beruhigend und entspannend wirkt. Denn unsere Atmung wirkt auch auf das vegetative Nervensystem zurück – je ruhiger wir atmen, desto ruhiger werden wir. Eine Anleitung für diese Art zu atmen finden Sie im Anhang des Buches.

Wenn wir leichte, runde und langsame Bewegungen mit einer kontrollierten, ruhigen Atmung verbinden, gelangen wir auch bei gemäßigter körperlicher Aktivität in einen entspannenden Modus. Wichtig ist, dass wir hierbei konsequent jeglichen Leistungsgedanken ausblenden. In diesem Zusammenhang darf der Hinweis auf den beruhigenden Effekt der Natur nicht fehlen. Wissenschaftliche Untersuchungen belegen die entspannende Wirkung eines Aufenthalts an der frischen Luft und unter freiem Himmel. Wer sich gerne im Wald aufhält, profitiert zudem von den besonderen Duftstoffen, die unsere Abwehrkräfte und unser Immunsystem stärken.

Auch durchaus banal klingende Aktivitäten können bei der Stress-Bewältigung eine überzeugende Wirkung entfalten. Dazu gehören vor allem die sogenannten entspannenden Lieblingstätigkeiten – wie Malen, das Halten von Tieren oder das Lesen eines Buches. Wichtig ist, dass uns die Beschäftigung Freude bereitet, ablenkt und eine kleine Auszeit schenkt, um zur Ruhe zu kommen. Pseudo-Entspannungen wie das Hantieren mit dem Smartphone oder Fernsehen sind dagegen kontraproduktiv.

Nichtstun ist in unserer Gesellschaft nicht vorgesehen, in unserer hyperaktiven Zeit kein erstrebenswertes Ziel und nicht immer eine gute Lösung. Doch im Umgang mit Stress verfehlt Untätigkeit ihre Wirkung nicht. Obwohl es einfach klingt, stoßen wir beim Nichtstun schnell an unsere Grenzen: Unsere Gedanken machen sich breit, das schlechte Gewissen quält oder wir werden von anderen gestört – wie Hermann im legendären Loriot-Sketch von seiner besorgten Frau. Den Wortlaut des amüsanten Dialogs finden Sie im Anhang. So verrückt es auch klingen mag, aber Nichtstun müssen wir vielfach erst lernen. Das Ruhenlassen aller Aktivitäten gelingt vor allem dann, wenn wir uns nach anstrengenden Momenten eine Auszeit nehmen.

Neben den Entspannungstechniken können wir auch mit Hilfe von Akupunktur auf das vegetative Nervensystem einwirken. Mit der richtigen Platzierung der Akupunkturnadeln wird die Aktivität des Parasympathikus zu Lasten des Sympathikus stimuliert.

Ob wir zur Akupunktur tendieren oder uns für eine Entspannungstechnik entscheiden, mit dem beruhigenden Einwirken auf das vegetative Nervensystem geht eine verminderte Ausschüttung der Stress-Hormone einher. Mit der Senkung des Kortisol-Spiegels können wir größeren gesundheitlichen Schäden zuvorkommen.

Mit Blick auf die Stress-Reaktion sollten wir auch darauf achten, dass die in unserem Körper aufgebaute Energie gezielt verbraucht und abgebaut wird. Denn im Gegensatz zu früheren Zeiten sind in der modernen Welt weder Kampf noch Flucht zwingend eine Voraussetzung, um eine Stress-Situation zu bewältigen. Gerade körperliche Aktivität sorgt dafür, dass die bereitgestellte Energie verwertet und damit Stress abgebaut wird. Oft tun wir in diesem Zusammenhang aber mit übertriebenen, zu intensiven sportlichen Einheiten gerne des Guten zu viel und heizen die Stress-Reaktion weiter an.

Finaler Akt

Bei Stress unterscheiden wir diese Phasen:

- Alarmierung
- Akute Stress-Reaktion
- Verspätete Stress-Reaktion
- Erholung und Regeneration

Was passiert, wenn wir die Stress-Reaktion zum Erliegen gebracht haben? Können wir dann die Beine hochlegen? Ja, unbedingt sogar! Diese vielleicht irritierend klingende Antwort hat durchaus einen tieferen Sinn. Denn oft wird vergessen, dass zum richtigen Umgang mit Stress auch ein Regulativ gehört. Nach erfolgreicher Bewältigung der

Stress-Situation schaltet das parasympathische Nervensystem auf Entspannung und die Ausschüttung der Stress-Hormone wird eingestellt. Nun stehen Erholung und Regeneration im Mittelpunkt. Dauer und Intensität der Stress-Reaktion bestimmen die Dauer der Ruhephase. Der Parasympathikus sorgt dafür, dass unser Organismus nach der körperlichen Mobilisierung wieder zu seinem Gleichgewicht findet. Mit seiner Hilfe wird der Sympathikus, der sogenannte »Beschleuniger« der Physiologie, eingebremst. Für diesen Ausgleich muss das parasympathische Nervensystem einwandfrei funktionieren – es darf zur Entfaltung seiner beruhigenden Wirkung nicht gestört werden. Nur so wird gewährleistet, dass das Stress-System in seiner Ordnung bleibt.

Damit unser Körper nicht in eine gefährliche Dysbalance gerät und erkrankt, sollten wir nach der Stress-Reaktion unbedingt auf eine regulative Auszeit achten. Doch leider entfallen heutzutage die notwendigen entspannenden und regenerierenden Auszeiten meist.

Es ist kaum möglich und zudem auch nicht unbedingt sinnvoll, ein Leben ohne Stress zu führen. Je besser Sie verstehen, was sich bei Stress in Ihrem Körper abspielt, desto eher sind Sie in der Lage, die positiven Aspekte der Stress-Medaille zu nutzen. Um Ihre Balance nicht zu gefährden, sollten Sie auf Ihr Stress-Muster – vor allem auf Intensität und Dauer der Stress-Reaktion – achten und für einen Ausgleich sorgen.

ENERGIE

Die Missachtung unserer Energie-Bilanz ist heutzutage ein weitverbreitetes Dilemma. Geprägt von der modernen Leistungskultur und ausgestattet mit der trügerischen Sicherheit, stets genügend Energie abrufen zu können, manövrieren wir uns schnell in eine Situation, die fatale Folgen haben kann. Um diese Gefahr frühzeitig zu erkennen und abzuwenden, sollten Sie sich mit diesen Fragen beschäftigen:

Achte ich bewusst auf meinen Energie-Haushalt?

Was zehrt besonders an meinen Kräften?

Was spendet mir Kraft?

Wie gestalte ich meine Freizeit und wie sollte ich sie verbringen?

Wie verhalte ich mich, wenn mir Kraft und Energie fehlen?

Wie sorge ich für einen Ausgleich?

Bin ich in der Lage, meine innere Batterie aufzuladen?

Besteht die Möglichkeit, kürzerzutreten oder Kompromisse einzugehen?

Abgeleitet aus dem Altgriechischen, bedeutet der Begriff Energie so viel wie »wirkende Kraft«. Hinlänglich bekannt ist, dass wir die in uns wirkende Kraft benötigen, um uns zu bewegen, um zu denken und überhaupt um zu leben. Dennoch machen wir uns selten Gedanken darüber, was uns Energie abverlangt und woher wir genügend Kraft schöpfen. Bei einem motorisierten Gefährt – wie bei einem PKW, Motorrad oder E-Bike – macht uns eine Anzeige darauf aufmerksam, wann wir tanken oder Energie zuführen müssen, um nicht irgendwann ohne den unterstützenden Antrieb dazustehen und liegenzubleiben. Bei unserem Körper scheinen wir diesen Zusammenhang vielfach zu vergessen oder mitunter sogar auszublenden. Wir gehen einfach davon aus, dass unser Körper immer – wie wir es gewohnt sind – funktioniert. Erst wenn wir überrascht und enttäuscht feststellen, dass die innere Maschinerie nicht mehr so rund läuft und die Kraft nachlässt oder gar versiegt, werden wir nachdenklich. Dabei gilt auch hier: kein Output ohne Input – keine Leistung ohne Gegenleistung!

Um unsere Gesundheit nicht zu gefährden und unsere Leistungsfähigkeit aufrechtzuerhalten, benötigen wir eine ausgewogene Gestaltung unserer Energie-Bilanz. Wir müssen in der Lage sein, so viel Energie bereitzustellen wie wir verbrauchen. Wenn wir jedoch mehr Energie abrufen, als wir in der Lage sind zu generieren, bewegen wir uns auf einem zehrenden Kurs. Wenn schließlich unsere Energie-Reserven aufgebraucht sind, geraten wir in eine gefährliche Dysbalance. Die von einem Burnout betroffenen Menschen, die lange Zeit mehr gegeben haben, als sie imstande waren, an Energie aufzubringen, sollten uns eine Warnung sein – sie sind körperlich und psychisch erschöpft.

Da unser Energie-Reservoir gerade in jungen Jahren meist gut gefüllt ist, können wir anfangs noch aus dem Vollen schöpfen. Doch wer seine Energie gedankenlos verpulvert, tut gut dran, rechtzeitig gegenzusteuern und beizeiten für Nachschub zu sorgen. Ein allzu sorgloser Umgang mit unserer Energie-Bilanz führt uns über kurz oder lang an einen kritischen Punkt. Sind unsere Reserven aufgebraucht und sorgen unsere Quellen nicht mehr für eine ausreichende Energie-Zufuhr, geraten wir in eine unangenehme, wenn nicht sogar in eine bedrohliche Situation – von einer harmlosen Ermüdung über einen gravierenden Leistungseinbruch bis einer ernsthaften Erkrankung.

Wie Sie zu einem ausgeglichenen, stabilen Energie-Haushalt gelangen, erfahren Sie bei der Betrachtung dieser Aspekte:

- Energie-Verbrauch
- Energie-Gewinnung
- Energie-Management

Energie-Verbrauch

Zunächst sollten wir uns mit dem vertraut machen, was uns Kraft kostet und unserem Körper Energie entzieht.

Der Grundumsatz ist der Energie-Verbrauch, den wir täglich zur Selbsterhaltung benötigen. Dieser Wert wird maßgeblich durch die Körpermasse bestimmt. Je größer und schwerer ein Mensch ist, desto höher ist sein Grundumsatz. Zudem ist das Verhältnis von Muskulatur und Fettanteil zu beachten, da die Muskulatur als sogenannte aktive Körpermasse deutlich mehr Energie benötigt, als es beim Körperfett der Fall ist. Doch auch die Umgebungstemperatur hat einen Einfluss auf den Grundumsatz. Um sich selbst zu kühlen oder zu erwärmen, benötigt unser Körper zusätzliche Energie. Zur Ermittlung eines möglichst genauen Wertes wird der Grundumsatz daher bei einer neutralen Temperatur von 28° Celsius gemessen. Bei diesem Wert muss der Körper weder Energie zur Kühlung noch zur Erwärmung aufbringen. Daneben beeinflusst der individuelle Hormonhaushalt die benötigte Energie-Menge. Grundsätzlich sinkt unser Kalorienverbrauch mit steigendem Alter, weshalb ältere Menschen meist einen etwas niedrigeren Grundumsatz aufweisen als die jüngere Generation. Alle Tätigkeiten, die zusätzliche Energie kosten, gehören zum Leistungsumsatz.

Der Energie-Bedarf eines Organs wird deutlich unterschätzt. Obwohl das menschliche Gehirn nur etwa zwei Prozent unseres Körpergewichts ausmacht, beansprucht es etwa 20 Prozent unserer Energie – bei einem Kind sind es sogar 50 Prozent. Die Wissenschaft hat herausgefunden, dass der kleinere Teil davon fürs Denken verwendet wird, der Großteil hingegen für die Aufrechterhaltung von lebenserhaltenden Funktionen wie Atmung und Herztätigkeit.

Neben den lebensnotwendigen Prozessen in unserem Organismus verschlingen unsere körperlichen Aktivitäten einen Großteil der Energie. Da die physische Beanspruchung im Beruf – wie das Heben oder Tragen großer Lasten – seit der Industrialisierung deutlich abgenommen hat, spielt sich für viele Menschen körperliche Aktivität nur noch in der Freizeit ab. Gerade Freizeitsportler achten auf ein ausgewogenes Verhältnis von zugeführten zu verbrauchten Kalorien. Doch der Energie-Verbrauch spielt sich auch auf anderen Ebenen ab.

So verschlingen Krankheiten vielfach einen großen Teil unserer Kraft. Gerade ernsthafte Erkrankungen beanspruchen ein hohes Maß an Energie und zehren an unserer Substanz. In harmloserer Form merken wir diesen Effekt bei einer Erkältung oder einem grippalen Infekt. Ist uns die kräftezehrende Wirkung von Auseinandersetzungen und Streitereien vielleicht noch bewusst, unterschätzen wir zumeist den entkräftenden Effekt unserer Sturheit – vom krampfhaften Festhalten und von törichten Kämpfen in aussichtslosen Situationen. Auch psychische Belastungen, die mit einem negativen Gedankengut oder unangenehmen Empfindungen einhergehen, berauben uns unserer Energie. Pessimismus, anhaltende

Sorgen oder beharrliche Zweifel bedienen sich bei unserem inneren Akku, ohne dass uns der Energie-Verzehr vielfach bewusst ist. Negativ gefärbte Empfindungen wie Ablehnung, Einsamkeit, Enttäuschung, Trauer und Verärgerung belasten unseren Energie-Haushalt stärker, als wir es vermuten. Kraftraubend wirken auch schwelende innere Konflikte. Wer nicht vergeben oder mit einer Sache abschließen kann, trägt einen zähen Energie-Räuber in sich.

Gerade wenn wir uns in einer Lebenskrise befinden oder an unsere Grenzen stoßen, wird uns vielfach sehr eindringlich bewusst, dass wir einen frischen Energie-Schub benötigen. Doch was beschert uns einen derartigen Push? Was hat eine positive Wirkung auf unseren Energie-Haushalt?

Energie-Gewinnung

Die Ernährung ist neben dem Schlaf der klassische Energie-Lieferant – auf Essen, Trinken und Schlafen wird später in einem anderen Zusammenhang näher eingegangen. Insgesamt verbessert all das, was wir mögen und uns guttut, unsere Energie-Bilanz. Im Mittelpunkt steht dabei eine gesunde Lebensweise.

Eine positive, lebensbejahende Einstellung, die auf Glauben, Vertrauen und Zuversicht basiert, macht uns das Leben – gerade in schwierigen Zeiten – leichter und gibt uns Kraft, hoffnungsvoll nach vorne zu schauen. Im Grunde geht es um eine konstruktive Sichtweise, die Gefahren und Risiken nicht verkennt, vor allem aber Raum lässt für Lösungen, Chancen und einen guten Ausgang. Damit eng verbunden sind Geduld und Gelassenheit. Einzusehen, dass alles seine Zeit braucht und sich nichts erzwingen lässt, hilft uns, Ruhe zu bewahren und Hoffnung zu schöpfen. Problematisch kann es werden, wenn wir uns immer nur auf das Positive konzentrieren. Verfallen wir der »toxic positivity« und verlieren den Blick für die Realität, in der es Gutes und Schlechtes gibt, in der Positives und Negatives ihre Berechtigung haben, nimmt unsere Lebenseinstellung eine ungesunde, gar giftige Form an.

Gehaltvolle »refresher« sind auch die Momente, in denen wir uns Zeit für uns nehmen, die wir aus vollem Herzen genießen und die uns glücklich machen. Dazu zählen vor allem genussvolle Auszeiten, inspirierende zwischenmenschliche Begegnungen, Situationen, in denen wir uns durchaus auch an einfachen, aber schönen Dingen erfreuen – wie ein spontaner Stopp, um das Schöne zu betrachten und es vor allem da zu sehen, wo andere es übersehen, sowie wohltuende Erinnerungen an vergangene Zeiten. Zudem liefern Dankbarkeit und Freude über die Dinge, die uns widerfahren, einen durchaus belebenden Effekt und tragen maßgeblich zu unserer Zufriedenheit bei.

Achtgeben sollten wir jedoch, wenn wir Gefahr laufen, einen positiven Effekt zu konterkarieren. Sind wir anderen behilflich, kann uns diese Hilfsbereitschaft innerlich erfüllen. Gefährlich wird es, wenn wir die damit verbundene physische und psychische Belastung unterschätzen oder gar negieren. Auch ein Aufenthalt in der freien Natur – wenn die wohligen Sonnenstrahlen unseren Körper verwöhnen, der frische Wind unsere Haut streichelt oder der Geruch von Wildblumen und Gräsern unsere Nase erfüllt – kann wie ein Jungbrunnen wirken. Diese Umgebung birgt jedoch die Gefahr, dass wir uns dazu verleiten lassen, es mit unseren sportlichen Aktivitäten zu übertreiben.

Dabei ist Bewegung grundsätzlich ein guter Ansatz, um unsere innere Batterie aufzuladen. Jede körperliche Aktivität, die uns leicht fordert und mit gleichmäßigen, zyklischen Bewegungsformen verbunden ist, spendet Energie und versprüht eine vitalisierende Wirkung – nicht nur für unser Herz-Kreislauf-System. Wissenschaftliche Studien weisen immer wieder auf den positiven Effekt von sanfter Bewegung bei der Behandlung zahlreicher Krankheiten hin – dabei galt Bewegung als therapeutische Maßnahme jahrelang als Unding. Das Angebot der unspektakulär anmutenden Bewegungsformen, die gerne belächelt, aber in ihrer Wirkung maßlos unterschätzt werden, ist umfangreich – wie z. B. Gehen, Wandern, Schwimmen und auch Tanzen. Wofür Sie sich auch entscheiden, denken Sie daran, dass Sie den Leistungsgedanken ausblenden, wenn sie einen gesunden, belebenden Effekt erzielen wollen.

Eine wichtige Energie-Quelle, die gerne vergessen wird, ist das Sonnenlicht. Wir alle kennen das schöne, belebende Gefühl, wenn sich mit dem Frühlingserwachen die dunkle Winterzeit verabschiedet. Sobald die Tage länger und die Sonnenstrahlen intensiver werden, spüren wir einen wahren Schub an Energie. Aber auch der morgendliche Tagesanbruch mit dem Sonnenaufgang hat eine stimulierende Wirkung. Bei der Lichttherapie sorgen künstliche Quellen, die das Tageslicht ausgleichen, dafür, dass die natürliche Wirkung der Sonne aufrechterhalten wird – vor allem mit der Aktivierung der Hormone, die Glücksgefühle steuern und dadurch eine positive Wirkung auf die Stimmung entfalten. Eine Übung zur Licht-Energie, die auf der Atmung basiert, finden Sie im Anhang.

Wissenschaftlichen Schätzungen zufolge weisen zwei Drittel der Berufstätigen in Deutschland ein ständiges Erholungsdefizit auf. Diese Nachricht sollte jeden weitsichtigen Arbeitgeber alarmieren! Doch nicht nur der arbeitenden Schicht gehen langsam »Saft und Kraft« aus. Generationen- und gesellschaftsübergreifend zeichnet sich eine beunruhigende Tendenz ab. Permanente Betriebsamkeit und Daueraktivität – auch in der Freizeit und sogar im Urlaub – sind längst zu zentralen Bestandteilen unseres heutigen Lebens geworden. Ausgestattet mit einer ungesunden Mischung aus irreführenden Idealen, falschem Stolz und blindem Pflichtbewusstsein, laufen wir unentwegt im Hamsterrad. Wir sind geprägt von einem Zeitgeist, der auf Leistung ausgerichtet ist, stets Fortschritte erwartet und bei dem bereits jeder Stillstand wie ein Rückschritt gewertet wird. Doch ist Müßiggang, wie es ein deutsches Sprichwort verspricht, wirklich aller Laster Anfang? Mitnichten! Bewusste, zielgerichtete Ruhephasen, die der Erholung und Regeneration dienen, sind sogar aller Weisheit Anfang.

In der Landwirtschaft ist seit Menschengedenken bekannt: Wer ein Stück Land brachliegen lässt, verschafft ihm eine Auszeit, damit sich der Boden erholen kann, um im nächsten Jahr wieder bewirtschaftet zu werden. Die Ruhepause sorgt dafür, dass er ergiebig und fruchtbar bleibt. Ein Blick in unseren Alltag zeichnet dagegen ein völlig anderes Bild: Wer sich eine Pause gönnt, um sich auszuruhen und wieder zu Kräften zu kommen, wird zum Weitermachen gedrängt. Dabei ist jeder, der Erholung und Regeneration naserümpfend den Rücken zukehrt, auf dem »Holzweg« und wird kurz oder lang mit den negativen Konsequenzen konfrontiert werden. Mittlerweile hat auch die Sportwissenschaft erkannt, dass der Mensch nur so leistungsfähig ist, wie er in der Lage ist zu regenerieren. So sehen wir vor allem im Profisport das zunehmende Bestreben, die Balance zwischen Belastung und Regeneration zu finden.

Regeneration, das Setzen regulativer Akzente auf körperlicher und psychischer Ebene, ist mittlerweile ein fester Bestandteil von jedem professionellen Gesundheits- und Leistungsmanagement. Auszeiten, in denen wir zur Ruhe kommen, wirken wie eine Frischzellenkur. Um unsere innere Batterie aufzuladen, ist es nicht unbedingt notwendig, an ferne Orte zu reisen oder gar ungewöhnliche Dinge zu tun. Ob Sie sich für den Rückzug in ein Kloster entscheiden, die Abgeschiedenheit in der Wildnis suchen oder sich »nur« in den Stadtwald zurückziehen – das, was Sie tun, sollte Sie abschalten lassen, Ihnen gefallen und Ihrer Neigung entsprechen. Bereits mit einer klugen Gestaltung Ihrer Freizeit – indem Sie auf unnötige, kraftraubende Aktivitäten verzichten, zur Ruhe kommen und sich bewusst dem zuwenden, was Ihnen Energie zuführt –, leisten Sie einen wertvollen Beitrag für Ihre Regeneration. Eine wohltuende Wirkung entfaltet vor allem eine Verschnaufpause unter freiem Himmel. Die Kombination von sauerstoffreicher Luft, natürlichen Geräuschen, angenehmen Gerüchen und ein in die Landschaft versunkener Blick wirkt beruhigend, befreiend, entspannend und erfrischend zugleich. Ein guter Weggefährte für Momente, in denen wir Erholung suchen und Kraft tanken wollen, ist eine bewusste, tiefe Atmung. Die Regeneration über das Atmen lässt sich an vielen Orten und zu zahlreichen

Gelegenheiten praktizieren. Wenn wir bei der Ruhephase in schönen Gedanken versinken und sich dabei behagliche Gefühle entfalten – wie bei der Erinnerung an das wohltuende Sonnenbad im letzten Urlaub –, optimieren wir den energetischen Effekt.

Hüten Sie sich jedoch vor jeder Pseudoregeneration! Franz Mühlbauer, ein Pionier auf dem Gebiet der Regeneration, bringt es auf den Punkt:

> **»Zu viele Menschen verwechseln**
> **Regeneration mit Wellness**
> **oder Unterhaltung,**
> **das eine ist Systemkosmetik,**
> **das andere hält unten.«**

Regeneration, die Erneuerung verbrauchter Kräfte und Wiederherstellung einer ausgewogenen Energie-Bilanz, ist der Schlüssel zum Erhalt oder zur Optimierung unserer Leistungsfähigkeit und Lebensqualität.

Energie-Management

Mit dem Wissen, was uns Energie raubt und Kraft spendet, ist es nicht getan. Damit unser Energie-Haushalt nicht aus dem Ruder gerät, benötigen wir sowohl die richtige Einschätzung unseres energetischen Zustands als auch die passenden Antworten, um ein sich abzeichnendes Manko abzuwenden oder ein bestehendes Defizit auszugleichen.

Da wir über keine optischen oder akustischen Melder verfügen, die auf einen Energie-Mangel hinweisen, benötigen wir ein feines Körpergefühl. Das Verspüren von Hunger reicht dafür nicht aus. Hinweise wie Müdigkeit und Unkonzentriertheit sind bereits deutliche Zeichen dafür, dass etwas aus dem Lot geraten ist. Um unser Energie-Level zu bestimmen, müssen wir uns unserem Körper zuwenden und in uns hineinspüren. Dabei helfen diese Fragen:

Was macht mein Körper für einen Eindruck?

Spüre ich die Energie – bin ich voller Kraft und Tatendrang?

Fehlt mir Energie – fühle ich mich schlapp und müde?

Unser Kopf kann uns bei dieser Bestandsaufnahme in die Irre leiten. Ist unser Verstand von einem übertriebenen Pflichtbewusstsein infiziert, das uns zum Weitermachen drängt, bleibt die innere Ampel auf Grün stehen – auch wenn wir uns energielos und schwach fühlen. Sind wir kopfgesteuert und finden keinen Zugang zu unserem Körpergefühl, laufen wir Gefahr, in eine tiefrote Energie-Bilanz zu steuern – mit den entsprechenden Auswirkungen auf Leistung und Gesundheit. Kleinkinder sind uns in dieser Hinsicht überlegen. Wenn ihnen die Kraft ausgeht, sind sie mit Argumenten kaum zum Weitergehen zu bewegen. Sie folgen dem Ruf ihres Körpers und wollen eine Pause machen – sich hinsetzen oder getragen werden.

Signalisiert unser Körper einen Energie-Mangel, gibt es Handlungsbedarf – mit diesen Optionen:

- Reduktion des Energie-Verbrauchs
- Zuführung neuer Energie

Wie wir in einer derartigen Situation klug und weitsichtig handeln, erfahren wir von Banksy, dem berühmten britischen Streetart-Künstler:

>**If you get tired,
learn to rest,
not to quit.**«

Aufgeben und Rückzug sind nicht immer eine gute Option. Oft ist es sinnvoller, eine Pause einzulegen, um unsere innere Batterie zu schonen und wieder Kraft und Energie zu schöpfen. Wer in einer solchen Situation weiß, was ihm einen raschen, nachhaltigen Energie-Schub beschert, ist klar im Vorteil.

Da wir nicht alle über die gleiche Konstitution verfügen und jeder seinen eigenen Lebensstil pflegt, ist die Struktur der Energie-Bilanz sehr individuell – die Zu- und Abflüsse sind unterschiedlich hoch, die Reserven bei dem einen früher und beim anderen später aufgebraucht. Was uns alle jedoch eint, ist die Tatsache, dass wir bei einem negativen Energie-Haushalt in eine ungesunde Schieflage geraten. Je länger wir in einer derartigen Dysbalance verharren, desto gravierender sind die Auswirkungen für unseren Organismus.

Das Thema Energie ist eng verbunden mit der Traditionellen Chinesischen Medizin (TCM). Die TCM geht davon aus, dass unser Körper von Leitbahnen – sogenannten Meridianen – durchzogen ist, in denen die Lebens-Energie Qi fließt. Kann die Energie frei fließen, ist der Mensch gesund. Kommt es zu einer Störung des Energie-Flusses, treten zunächst Funktionsstörungen und später Krankheiten auf. Mit verschiedenen Therapien – wie Akupunktur oder speziellen Massagen – wirkt TCM auf die Meridiane und sorgt damit für ein störungsfreies Fließen des Qi.

Unser Wohlbefinden und unsere Leistungsfähigkeit sind eng verbunden mit unserem energetischen Zustand. Ist die Energie-Zufuhr gestört, laufen wir Gefahr, in eine Dysbalance zu geraten. Mit diesen Schritten gelingt Ihnen ein ausgewogener, intakter Energie-Haushalt:

- Achten Sie auf das, was Ihnen Energie raubt!
- Pflegen Sie das, was Ihnen Kraft spendet!
- Hören Sie auf Ihren Körper!
- Sorgen Sie für einen freien Energie-Fluss!

POLARITÄT

Unsere Welt besteht aus Gegensätzen – aus zwei entgegengesetzten Polen. Das Gesetz der Polarität besagt, dass alles zwei Pole hat und sich beide Seiten einander bedingen. In unserem Alltag werden wir mit vielen Gegensatzpaaren – wie links und rechts, oben und unten, groß und klein, leicht und schwer, warm und kalt, hell und dunkel, laut und leise, schnell und langsam, allein und miteinander, sauber und schmutzig – konfrontiert. Die Pole stehen sich nicht nur gegenüber, sondern sind ohne den anderen nicht erfahrbar. Betrachten wir unsere Atmung, wird zudem deutlich, dass mit dem Wechsel von Einatmen und Ausatmen durchaus ein Pol automatisch dem anderen folgen kann. In der chinesischen Philosophie finden wir die Begriffe Yin und Yang. Sie stehen für polar einander entgegengesetzte und dennoch aufeinander bezogene duale Kräfte oder Prinzipien, die sich nicht bekämpfen, sondern ergänzen.

Wir sind uns dieser Polarisierung nur deshalb nicht immer bewusst, weil wir meist nur einen Pol betrachten und den anderen übersehen oder nicht im richtigen Zusammenhang werten. Mit der bewussten Öffnung für das Andere machen wir wertvolle Erfahrungen und entdecken mitunter Dinge, die wir vermisst oder vernachlässigt haben. Nur wenn wir beide Pole kennen, sind wir in der Lage, Fehlendes hinzuzufügen.

Um unserem polaren Verhalten auf den Grund zu gehen, helfen diese Fragen:

Folge ich gerne Gewohnheiten?

Gibt es Dinge, die ich nicht mag und deshalb meide?

Wenn ich etwas mag und gerne tue,
kommt dann etwas anderes zu kurz?

Wo gibt es in meinem Leben – unter dem
Aspekt der Polarität – ein Zuviel oder Zuwenig?

Wo achte ich bereits auf die Ausgewogenheit
meines Verhaltens?

Vielen Menschen ist nicht wirklich bewusst, dass wir – wie alle natürlichen Systeme – ein auf uns zugeschnittenes Gleichgewicht, ein ausgewogenes Neben- und Miteinander von Gegensätzen benötigen. Sehr anschaulich beschreibt dies der Slogan einer Bonner Klinik:

> **»Ebbe allein trocknet aus,**
> **Flut allein überschwemmt,**
> **die Gezeiten geben Leben.«**

Wenn wir zu lange an einer spaltenden, einseitigen Positionierung festhalten, geraten wir in eine Dysbalance – mit den damit verbundenen negativen Konsequenzen: Wir sind unzufrieden, unsere Ziele geraten in unerreichbare Ferne oder es zeigen sich gesundheitliche Probleme. Nur mit Inhalten aus beiden Lagern bleiben wir gesund

und sind wir in der Lage, dauerhaft Leistung zu erbringen.

Eine kurzzeitige Unausgewogenheit – eine einseitige Betonung eines Pols und die Vernachlässigung des Gegenpols – kann in einer Ausnahmesituation durchaus ihre Berechtigung haben, ja sogar zwingend geboten sein. So wird im Falle einer Erkrankung oder Verletzung in der Regel eine absolute Schonung verordnet. Aktivität muss dann in Gänze der Passivität oder Ruhe weichen.

Abgesehen von derartigen Ausnahmen, müssen wir unser Gleichgewicht im Zusammenspiel konträrer Elemente finden. Mit Blick auf die beiden vorigen Kapitel haben wir die enge Verbundenheit von Anspannung und Entspannung sowie Leistung und Regeneration kennengelernt. Das Wissen um diese Zusammenhänge sollte uns dazu bewegen, Konträres auch abseits von Stress und Energie-Haushalt zuzulassen und ausgewogen zu gestalten – etwa mit den Begriffspaaren Geben und Nehmen, Sicherheit und Abenteuer oder Kontrolle und Freiraum.

Wichtig für unser Verständnis und den richtigen Umgang mit Gegensätzen sind diese Kernthesen:

- Einseitigkeiten sind Gift für unser Leben.
- Der eine Pol ist nicht wichtiger als der andere.
- Wir benötigen etwas von beiden Polen –
  sonst droht die Unzufriedenheit.

Das bedeutet: weg vom »entweder oder« hin zum »sowohl als auch« von Gegensätzen.

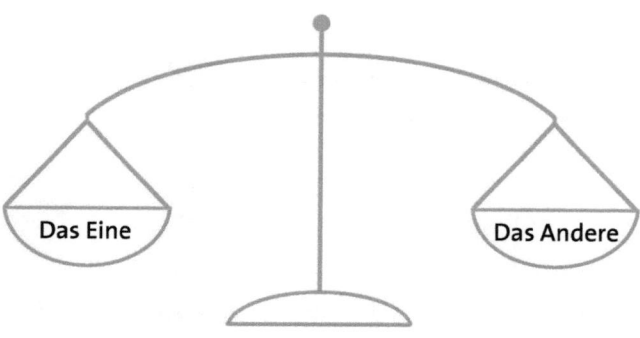

Wie gelingt ein harmonisches Miteinander in einer polaren Welt?

Die Liste der Gegensatzpaare, die uns im Alltag und ein Leben lang begleiten, ist lang und umfangreich. Doch nicht immer erschließt sich uns auf den ersten Blick der Sinn des Konträren. Dabei gehört auch scheinbar Negatives – wie Einsamkeit, Schmerz, Tadel und Verlust – zum Leben und hat seine Bewandtnis. Unser inneres Gleichgewicht finden wir, wenn wir die Zusammenhänge der bipolaren Welt kennen und wissen, wo wir ansetzen und mit welcher Vehemenz wir notwendige Korrekturen vornehmen müssen. Die folgenden Beispiele sollen Ihr Gespür für die Wahrnehmung von Polaritäten verbessern und Ihnen ein Gefühl für den richtigen Umgang mit konträren Positionen vermitteln. Welche Thematik findet Ihr Interesse?

- Ja und Nein
- Selbst- und Fremdbestimmung
- Berufs- und Privatleben

Ja und Nein

Ja und Nein ist das klassische Gegensatzpaar. Das Wort mit den vier Buchstaben ist für viele das schwierigste. Studien belegen, dass 80 Prozent der Menschen schlecht Nein sagen können. Dabei haben wir – wie uns der französische Philosoph Jean-Jacques Rousseau erinnert – grundsätzlich die freie Wahl:

»Die Freiheit des Menschen liegt nicht darin, dass er tun kann, was er will, sondern dass er nicht tun muss, was er nicht will.«

Doch warum zieren wir uns vor einem Nein und sagen allzu schnell und immer wieder Ja, obwohl wir eigentlich lieber verneinen würden? Als soziales Wesen, das die Gemeinschaft sucht, fällt uns ein ablehnendes Nein oft schwer. Wenn wir um etwas gebeten werden, fühlen wir uns geschmeichelt und sehen die Chance gekommen, mit der Hilfsbereitschaft unsere Zugehörigkeit und Verbundenheit zu beweisen. Sagen wir Ja, gelten wir als umgänglich, entgegenkommend und kooperativ. Mit einem Nein könnten wir unser Streben nach Harmonie und Eintracht, nach Anerkennung und Zuwendung dagegen gefährden. Schließlich wenden wir uns mit unserem ablehnenden Votum gegen die anfragende Person – auch wenn es nur um die Sache geht.

Darüber hinaus bedeutet ein Nein, dass wir uns widersetzen und dagegenhalten. Dieser Kampf kostet Energie und ist uns oft zu anstrengend. Darum geben wir lieber klein bei, als uns zur Wehr zu setzen.

Auch weil wir nicht wissen, wie wir ein Nein angemessen und geschickt formulieren können, lassen wir uns immer wieder zu einem halbherzigen Ja verleiten. Diese Einseitigkeit führt zur Unzufriedenheit – und stört unser inneres Gleichgewicht.

Ein Nein kann die richtige Reaktion sein – muss es aber nicht! Doch wir greifen zu selten darauf zurück. Mit einem gezielten Nein an der richtigen Stelle zeigen wir Grenzen auf und geben zu verstehen, dass wir uns nicht so einfach vereinnahmen und zu viel aufbürden lassen. Damit schützen wir unsere Ressourcen, setzen Prioritäten und sorgen dafür, dass wir unsere eigenen Interessen und

Bedürfnisse nicht vernachlässigen. Ein überzeugendes Nein verschafft Respekt – und wird auch mit Selbstachtung belohnt. Doch wie gelingt uns dies?

Grundsätzlich gilt:

- Klar und unmissverständlich in der Sprache
- Höflich, aber bestimmt im Ton

Seien Sie vorsichtig mit einem harten, ausgrenzenden Nein! Mit einem »Auf gar keinen Fall« setzen Sie zwar klare Grenzen, laufen aber auch Gefahr, andere zu verletzen. Mit einer ungeschickten, unsensiblen Formulierung manövrieren Sie sich schnell ins Abseits und verhindern die Chance für eine Verständigung.

Seien Sie behutsam im Umgang mit Rechtfertigungen! Eine Erklärung, wie Sie zu Ihrem Nein gekommen sind, kann zwar darlegen, dass es sich um keine willkürliche Entscheidung handelt. Damit können Sie durchaus einer Verstimmung auf zwischenmenschlicher Ebene vorbeugen. Andererseits besteht die Gefahr, dass Ihre begleitende Darlegung zu einer unnötigen Diskussion, unangenehmen Nachfrage oder misslichen Nachverhandlung anregt. Geschickt aus der Affäre ziehen können Sie sich mit dem versteckten Hinweis, dass Ihre Ablehnung durchaus im eigenen Interesse des Anfragenden liegt – wie mit dem Zusatz »…, aber auf diesem Gebiet bin ich nicht kompetent genug«.

Mit dem Anbieten eines Lösungsvorschlags besitzen Sie eine weitere Option, um ein Nein elegant zu verpacken. Möglichkeiten, mit denen Sie derart auf Anfragen reagieren können, sind:

- »Heute kann ich nicht – morgen würde es aber gehen.«
- »Dazu reicht meine Zeit leider nicht – gerne stelle ich aber meine Unterlagen zu einem ähnlichen Thema zur Verfügung.«
- »Ich sehe mich dazu aktuell nicht in der Lage – wir können aber gerne später gemeinsam über Alternativen nachdenken.«

Um nicht vorschnell eine Entscheidung zu treffen, die Sie später bereuen, können Sie auch um Bedenkzeit bitten.

Wenn Sie sich dafür entscheiden, zukünftig öfter auf ein Nein zurückzugreifen, sollten Sie bedenken, dass diese Entscheidung Selbstdisziplin erfordert – ein Nein ergibt nur dann Sinn, wenn Sie es auch konsequent umsetzen. Und wenn Ihnen der Schwenk von einem vorschnellen, unehrlichen Ja zu einem angemessenen, überzeugenden Nein anfänglich schwerfällt, seien Sie unbesorgt. Jedes Nein wird in unserem Gehirn codiert und sorgt dafür, dass es uns zukünftig immer leichter fällt, das zu sagen, was wir wirklich meinen.

In Ihrem Repertoire sollten Sie über ein verbindendes, unterstützendes Ja, aber auch ein ablehnendes Nein verfügen. Letztlich geht es darum, dass Sie zu einem ausgewogenen Umgang mit diesem Gegensatzpaar finden. Trauen Sie sich! Wer sich und seine Lage offen und ehrlich erklärt, erfährt selten Unverständnis.

Selbst- und Fremdbestimmung

Eng verbunden mit Ja und Nein ist das Begriffspaar Selbst- und Fremdbestimmung. Der selbstbestimmte (autonome) Mensch hat einen freien Willen und agiert so, wie er von innen heraus gerne sein will. Selbstbestimmung setzt voraus, sich selbst zu kennen – sich seinen eigenen Bedürfnissen, Interessen und Zielen bewusst zu sein –, und ist immer mit der eigenen, freien Entscheidung verbunden.

Der fremdbestimmte (heteronome) Mensch dagegen unterliegt einer – vielfach nicht bewusst wahrgenommenen – Bevormundung durch andere. Obwohl Fremdbestimmung wie ein Zwang anmutet, der uns von außen aufgedrängt wird, hat sie durchaus auch einen positiven Effekt. Vor allem im heranwachsenden Alter lernen wir durch Nachahmung und Anpassung. Daraus entwickeln sich unsere Handlungsmuster und Wertevorstellungen. Auf diese Weise werden wir gesellschaftsfähig gemacht, um ein eigenständiges und verantwortungsvolles Leben führen zu können. Fremdbestimmung nimmt immer dann unliebsame Formen an, wenn wir in die Mühlen der unterdrückenden sozialen Normen geraten. Zu den klassischen Einschränkungen und Anweisungen zählt die Erwartungshaltung von Personen, die einen besonders starken Einfluss auf uns haben – wie Familienangehörige, Freunde, der Chef und Arbeitskollegen. Das Gefühl einer gelebten Passivität wird erzeugt durch Weisungen wie:

- Was sollen die Leute bloß denken!
- So was macht man nicht!
- Sei schön brav und folge!
- Bloß nicht auffallen!
- Immer nach den anderen richten!
- Mach es den anderen recht!

Allzu oft führt die Fremdbestimmung dazu, dass die eigenen Bedürfnisse und Wünsche hintenangestellt oder gar verworfen werden. Letztlich kann der Druck sensible Menschen, die vielleicht ohnehin schon wenig Selbstvertrauen besitzen, dazu bringen, dass sie ein Leben führen, das gar nicht mehr ihr eigenes ist. Ein Leben, das maßgeblich durch andere bestimmt wird, macht nicht nur unglücklich, sondern kann über kurz oder lang sogar Krankheiten hervorrufen.

Sehr eindringlich beschreibt Bronnie Ware, eine australische Sterbebegleiterin, in ihrem Buch »5 Dinge, die Sterbende am meisten bereuen« den inneren Zwist todkranker Menschen, die ihrem Lebensende entgegensehen und auf ihr Leben zurückblicken. Sie bedauern vor allem, nicht nach den eigenen Vorstellungen gelebt oder die falschen Prioritäten gesetzt zu haben. Zudem beklagen sie, nicht authentisch gewesen zu sein – ihre Gefühle nicht gezeigt und unterdrückt zu haben.

Wichtig ist, dass wir uns durch Fremdbestimmung nicht in eine Ecke drängen lassen – uns nicht zu sehr bevormunden oder negativ beeinflussen lassen. Um dieser Gefahr zu entgehen, helfen diese Kontrollfragen:

> **Setze ich das um, was mir wichtig ist und Freude bereitet?**
>
> **Welchen Impulsen bin ich gefolgt?**
>
> **Zu welchen Dingen habe ich mich verleiten lassen?**
>
> **Was habe ich nur getan, damit andere es mitbekommen?**
>
> **Hätte ich auch genauso gehandelt, wenn niemand davon erfahren hätte?**
>
> **Fühlt sich das, was ich getan habe, in meinem Innersten gut an?**

Es darf nicht so weit kommen, dass Sie in einem Strudel aus Bevormundung und Zwängen ertrinken. Um Ihre Balance nicht zu gefährden, darf die Entscheidungshoheit nicht ausschließlich in fremden Händen liegen.

Berufs- und Privatleben

Wie sieht es mit dem Begriffspaar Berufs- und Privatleben aus? Bei vielen Menschen stehen sich Berufliches und Privates konträr gegenüber. Dabei ist eine berufliche Tätigkeit ein wichtiges Element in unserem Leben, mit der wir eine Reihe elementarer Bedürfnisse wie Existenzsicherung und Altersversorgung, Anerkennung und Wertschätzung oder soziale Kontakte und persönliche Weiterentwicklung abdecken können. Allerdings gibt es auch Situationen, in denen sich berufliche Anforderungen und private Interessen oder Notwendigkeiten wie Gegensätze gegenüberstehen.

Ein immer wieder heiß diskutiertes Thema ist die Frage nach der richtigen Work-Life-Balance. Gerade bei den heutigen Berufseinsteigern hat sich die Vereinbarkeit von Beruf und Privatsphäre zu einem bedeutenden Faktor entwickelt. Wie ein ausgewogenes Berufs- und Privatleben aussehen soll, variiert nach Geschlecht, Alter, Familienstand, Einkommen sowie beruflicher und sozialer Stellung der Berufstätigen. Die Wunschliste ist lang – sie reicht von einer Gelegenheit für Behördengänge oder Arztbesuche über Freiraum für ein geregeltes Familienleben bis hin zu Zeit für außerberufliche Engagements. Seit den 1990er-Jahren breitet sich vom amerikanischen Silicon Valley ein Begriff über die Arbeitswelt aus: »zero drag«. Die moderne Arbeitswelt sieht am liebsten Beschäftigte ohne Reibungspotential. Der ideale Zero-Drag-Beschäftige ist jung, männlich, ledig und kinderlos. Wenn die Vereinbarkeit von Berufs- und Privatleben ernst gemeint ist, muss es Möglichkeiten geben, beruflich erfolgreich zu sein, ohne dass Privates zu kurz kommt.

Arbeit beansprucht einen großen Teil unserer Zeit und geht einher mit körperlicher und psychischer Belastung, von der wir uns erholen sollten. Da eine unzureichende Erholung zu einer schnelleren Erschöpfung führt, die unsere Leistungsfähigkeit verringert und das Risiko von Arbeitsunfällen steigert, beinhaltet Work-Life-Balance auch die Notwendigkeit zur Erholung und Regeneration – auf der Arbeit oder in der Freizeit. Work-Life-Balance erweist sich nicht selten als Selbsttäuschung – vor allem dann, wenn der Arbeitsplatz attraktiver erscheint als das Zuhause. Werden Freizeitelemente wie Fitness oder Wellness in das Arbeitsleben integriert, kann dies die familiäre Situation sogar verschärfen. Wird die Freizeit verbetrieblicht, besteht die Gefahr, dass es zu einer schleichenden Verlängerung der Arbeitszeit kommt.

In der heutigen Zeit, in der die Grenzen zwischen Beruf und Privatleben immer mehr verschwimmen, brauchen wir ein harmonisches Miteinander der beiden Pole nach der Devise »das Eine tun, ohne das Andere zu lassen«. Jeder Mensch hat seine eigene Toleranzgrenze und muss selbst abschätzen, wann ein Ungleichgewicht in seinem

Leben auftaucht. So kann ein erfüllender Job Freude bereiten und Energie schaffen, ein anderer dagegen körperlich und auch psychisch krank machen. Welchen Anteil der Beruf in Ihrer Work-Life-Balance ausmacht, müssen Sie für sich entscheiden. Auch die Frage, was für Ihr Leben wichtig ist und ob dafür genügend Freiraum bleibt, muss jeder für sich beantworten. Scheuen Sie sich aber nicht, Korrekturen vorzunehmen, wenn etwas zu kurz kommt oder sich unangenehm in den Vordergrund drängt!

Der nächste Urlaub bietet Ihnen eine gute Möglichkeit, Ihre arbeitsfreie Zeit nach dem Polaritätsgedanken auszurichten. Da der Beruf oft mit einem speziellen Tätigkeitsprofil verbunden ist, dürften die meisten Beschäftigten in ihrem Arbeitsalltag einseitigen Anforderungen ausgesetzt sein. Dieser Einseitigkeit – so die Erkenntnisse aus der Erholungsforschung – sollten Sie im Urlaub unbedingt mit einem Kontrastprogramm begegnen. Wer vom Chronotyp her eine »Eule« ist und erst mittags auf Touren kommt, von Berufs wegen aber zeitig zu Bett gehen und am frühen Morgen aufstehen muss, sollte im Urlaub zu seinem natürlichen Rhythmus zurückkehren. Wer im beruflichen Alltag ständig in der Öffentlichkeit steht und kommunikativ gefordert ist, braucht im Urlaub die Möglichkeit, sich zurückzuziehen und allein sein zu können. Wer einen Beruf hat, in dem er ständig für andere da sein muss, sollte sich im Urlaub umsorgen und verwöhnen lassen. Menschen, die eine stark reglementierte Arbeit verrichten, tut ein Urlaub ohne starres Programmkorsett mit genügend Freiraum für Spontanes gut. Der primäre Sinn der arbeitsfreien Zeit – insbesondere ein Kontrast zum beruflichen Alltag zu sein sowie für Erholung und Regeneration zu sorgen – gerät heutzutage jedoch zunehmend in den Hintergrund.

Die Worte von Hermann Hesse machen uns noch einmal deutlich, welche Gefahren in Einseitigkeiten lauern:

> **»Der Machtmensch geht
> an der Macht zugrunde,
> der Geldmensch am Geld,
> der Unterwürfige am Dienen,
> der Lustsucher an der Lust.«**

Wie alle natürlichen Systeme benötigen wir ein auf uns zugeschnittenes Gleichgewicht, ein »sowohl als auch« von Gegensätzen. Ein spaltendes »entweder oder«, das zu Einseitigkeiten führt und die Balance gefährdet, sollten Sie vermeiden. Inhalte aus beiden Lagern bewusst zuzulassen, bedeutet Vorlieben zu reduzieren und sich dem zu öffnen, was bislang gemieden und vernachlässigt wurde.

SYSTEM MENSCH

Wenn wir uns mit unserem inneren Gleichgewicht beschäftigen, darf die Betrachtung des Menschen als Ganzes – in seiner systemischen Vollständigkeit – nicht fehlen. Aus ganzheitlicher Sicht besteht der Mensch aus Körper, Geist und Seele. Diese drei Dimensionen gehören zusammen und verbünden sich zu einer dreiteiligen Einheit – der »Trilogie des Menschseins«.

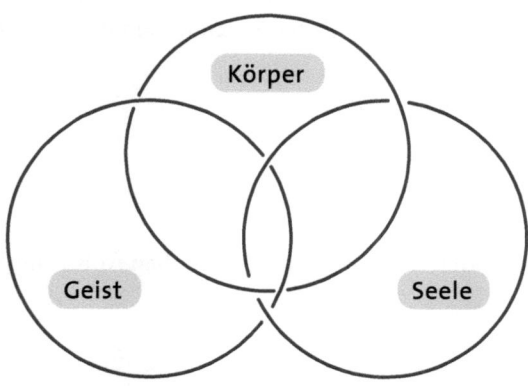

Unser Körper ist die materielle Komponente, ein aus Zellen zusammengesetztes, organisches Konstrukt, das unsere Existenz ermöglicht und uns am Leben erhält. Der Geist bezieht sich auf die kognitiven Prozesse und mentalen Fähigkeiten. Im heutigen Sprachgebrauch steht die menschliche Seele für unsere Sensibilität und Gefühlsregungen.

Die richtige Ausrichtung im System Mensch zielt auf ein geordnetes Miteinander der drei Dimensionen Körper, Geist und Seele. Mit einer guten körperlichen Verfassung, einem wachen Geist und gut strukturierten Gedanken sowie einer intakten Gefühlsebene sind wir bestens aufgestellt und sorgen dreifach für unser Wohl. Wenn zudem das Zusammenspiel von Physis und Psyche stimmt, sind wir zu einer Spitzenleistung in der Lage.

Was können wir tun, um Körper, Geist und Seele »auf Kurs« zu bringen? Auf den nächsten Seiten warten in den Kapiteln

- Physische Ebene
- Psychische Ebene
- Ganzheitliche Ebene

die passenden Antworten mit praktischen Anregungen auf Sie.

Physische Ebene

Mit Blick auf unsere Balance erfüllt unser Körper eine wichtige Funktion. Da wir Menschen über keine akustischen oder optischen Warnsignale verfügen, die auf eine gesundheitliche Störung oder sich anbahnende Krankheit hinweisen, sind wir auf die Beobachtung unseres Organismus angewiesen. Unser Körper meldet sich bereits frühzeitig, wenn etwas nicht rund läuft – wenn ihm etwas nicht guttut oder wenn ihm etwas fehlt. Zu den klassischen Körpersignalen, die uns etwas über unseren unbefriedigenden Gesundheitszustand verraten, gehören Hautveränderungen sowie Befindlichkeitsstörungen wie Fieber oder Magen-Darm-Beschwerden. Da die anfänglichen Zeichen meist subtil sind und sich sehr zaghaft bemerkbar machen, benötigen wir eine gute Beobachtungsgabe, um sie wahrzunehmen und zu identifizieren. Doch je früher wir die körperlichen Signale erkennen, die auf Unstimmigkeiten oder eine Erkrankung hinweisen, desto eher können wir gegensteuern. Da wir jedoch nicht gerne mit unangenehmen Wahrheiten konfrontiert werden und unbequemen Schritten lieber ausweichen, neigen wir dazu, die Zeichen unseres Körpers zu verdrängen oder zu verleugnen.

Im Hinblick auf unser inneres Gleichgewicht befassen wir uns im weiteren Verlauf mit den Einflussfaktoren, die maßgeblich für unsere körperliche Verfassung verantwortlich sind: Bewegung, Ernährung und Schlaf.

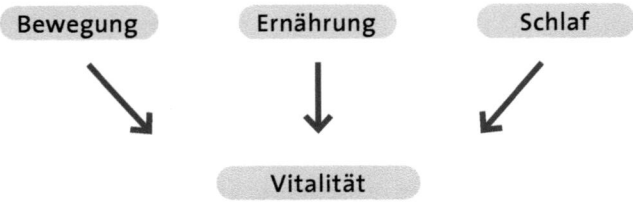

Bewegung

Der menschliche Körper ist auf Bewegung ausgerichtet. Doch mit der Nutzung von Hilfsmitteln – wie Aufzügen, Rolltreppen und motorisierten Verkehrsmitteln – sowie durch zunehmend sitzende Tätigkeiten kommt Bewegung heutzutage meist zu kurz. Dabei sind die Folgen von Bewegungsmangel hinlänglich bekannt – vor allem der muskuläre Abbau sowie Herz-Kreislauf- und Stoffwechselerkrankungen. Wissenschaftliche Untersuchungen belegen sogar, dass ausdauerndes Sitzen unsere Gesundheit auch dann schädigt, wenn wir Sport treiben.

Darum lautet die Devise: Bewegung – denn Bewegung ist Leben! Doch wie steht es mit unseren körperlichen Aktivitäten? Eine kritische Betrachtung unseres Bewegungsverhaltens ist vor allem mit diesen Fragen verbunden:

Wie häufig, wie lange und wie intensiv bewege ich mich?

Wie sieht mein Bewegungsmuster aus?

Welche Rolle spielen Abwechslung und Vielseitigkeit?

Wie bewege ich mich richtig?

Damit Bewegung eine gesundheitsfördernde Wirkung entfaltet, sollten wir vor allem auf die richtige Belastungsintensität, Häufigkeit und Dauer unserer körperlichen Aktivitäten sowie unser Bewegungsmuster achten.

Wie intensiv sollten wir uns bewegen?

Gerade in puncto Bewegung gibt es viele Menschen, die ihre Grenzen überschreiten und sich überfordern. Dahinter verbergen sich oft der Eifer nach Leistung und die Tatsache, dass sportliche Aktivität einen angenehmen Gefühlszustand bescheren kann. Auf der Suche nach einem schönen, gar berauschenden Gefühl geraten Sportler schnell in ein Stadium, in dem sie die körperlichen Signale verdrängen und ihre Gesundheit schädigen. Damit die sportliche Betätigung unserem natürlichen Bedürfnis nach Bewegung entspricht, sollten wir stets auf Atmung und Pulsschlag achten.

In der Literatur finden Sie zahlreiche Hinweise und Empfehlungen zur Belastungsintensität bei sportlichen Aktivitäten. Darunter befinden sich auch diese beiden Faustregeln:

- Durch die Nase atmen und nur in Ausnahmefällen den Mund zur Hilfe nehmen.
- Bei einem Belastungspuls von 180 minus Lebensalter bewegen wir uns gesund.

Wer es gerne präziser mag, wird ebenfalls fündig. Die folgenden Richtwerte orientieren sich an der maximalen Herzfrequenz (HF max. = 220 minus Lebensalter) und sind nach der angestrebten Intensität sowie dem gewünschten Effekt gestaffelt:

- 50–60 % der HF max.
  Sehr leichte Intensität zur Förderung der Gesundheit oder aktiven Erholung
- 60–70 % der HF max.
  Leichte Intensität zur Aktivierung des Fettstoffwechsels oder Verbesserung der Grundlagenausdauer
- 70–80 % der HF max.
  Moderate Intensität zur Verbesserung der Fitness oder Steigerung der Ausdauerleistung
- > 80 % der HF max.
  Hohe Intensität für einen maximalen Leistungszuwachs

Wer den Umgang mit Formeln nicht scheut, orientiert sich für seine Herzfrequenz an der nach dem finnischen Physiologen Karvonen benannten Formel, die auch in der Sportmedizin verwendet wird:

- Trainings-HF =
  ((Max. HF − Ruhepuls) × Intensität) + Ruhepuls

  Beispiel: Alter 40 Jahre, Ruhepuls von 80 und moderate Übungsintensität von 75 %

  Trainings-HF = (((220 − 40) − 80) × 0,75) + 80

  Trainings-HF = 155

Wenn Sie bei der körperlichen Belastung stets Ihren Puls im Auge behalten, bleibt die Vitalität des Herzens erhalten und gesundheitliche Risikofaktoren werden reduziert. Erfahrene Sportler orientieren sich beim Training am Körpergefühl. Wenn Sie auf Nummer sicher gehen und nicht übertreiben wollen, sollten Sie eine Pulsuhr verwenden.

Wollen Sie das befreiende Gefühl einer totalen Verausgabung und Erschöpfung jedoch nicht missen, versuchen Sie es mit Intervalltraining – einem Wechsel zwischen hoher und gemäßigter bis leichter Belastung.

Wie oft und wie lange sollten wir uns bewegen?

Zwar sind Mediziner und Sportwissenschaftler nicht immer einer Meinung – doch in diesen Punkten herrscht Einigkeit:

- Minimalpensum: 30 Minuten (Extra-)Bewegung an fünf Tagen pro Woche
- Regelmäßigkeit

Bei der empfohlenen Mindestdauer ist es nicht notwendig, diese halbe Stunde am Stück zu bewältigen. Die empfohlene Bewegungsdauer kann auch in drei 10-Minuten-Bausteine zerlegt werden. Wichtig ist aber, dass Sie sich zusätzlich bewegen – über Ihre üblichen alltags- oder berufsbedingten Wegstrecken hinaus.

Diejenigen, die über einen Schrittzähler verfügen, können sich an dem guten Richtwert von 10.000 Schritten pro Tag orientieren.

Gerade wer das Mindestpensum überschreitet, sollte unbedingt darauf achten, dass er seinem Körper die notwendige Auszeit zur Regeneration nicht vorenthält. Geben wir unserem Körper keine Gelegenheit, sich ausreichend zu erholen, drohen gesundheitliche Probleme – inklusive einer Leistungseinbuße.

Wer Spaß an Bewegung hat, findet auch die passende Sportart. Je ungezwungener und lieber Sie sich bewegen, umso länger bleiben Sie am Ball und umso eher zeigen sich die positiven Effekte. Was auch immer Sie bevorzugen, heutzutage wird nahezu jede Neigung bedient:

- Wer Ruhe und Einsamkeit sucht, kann sich allein zum Walken oder Laufen aufmachen.
- Beim Boxen oder Tennis besteht die Möglichkeit, sich an einem Partner zu messen.
- Wer Zweisamkeit oder Gruppenkontakt mag, geht zum Tanzen oder wählt eine Mannschaftssportart wie Fußball.
- Personal-Training ist für den geeignet, der seine Übungen unter Aufsicht und Anleitung absolvieren möchte.
- Skifahren oder Bergwandern sind die klassischen Sportarten für Outdoor-Fans.
- Wer eine geschützte, warme Umgebung schätzt, findet diese im Hallenbad oder in einem Studio.

Wie sollte das Bewegungsmuster aussehen?

Bei der Suche nach der passenden Sportart sollten Sie einen wichtigen Aspekt beachten: Die Mischung macht's!

Vielfach wird vergessen, dass zu Bewegung die Disziplinen Ausdauer, Kraft und Beweglichkeit gehören. Entscheidend ist, dass es zu keiner einseitigen Belastung oder gar Überlastung kommt. Wer Muskeln, Bänder und Sehnen, Gelenke und Knochen schonend behandeln will, sollte seinem Körper ein vielseitiges und abwechslungsreiches Bewegungsprogramm anbieten. Für ein ausgewogenes Bewegungsmuster sorgt eine Mischung aus:

- Ausdauer
- Muskel- und Kraftaufbau
- Koordination und Beweglichkeit

Mit der Pflege unserer Ausdauer wirken wir einer psychischen und körperlichen Ermüdung entgegen – unsere Fitness bestimmt unsere Leistungsfähigkeit. Bewegungsarten wie Gehen, Wandern, Laufen, Radfahren, Rudern oder Schwimmen, die vor allem auf das Herz-Kreislauf-System wirken, sorgen für eine gute Kondition.

Um unsere Muskeln aufzubauen oder in Form zu halten, ist das Training mit Gewichten oder Widerständen geeignet. Weil isolierte Bewegungen an Fitnessmaschinen kaum einen Bezug zum Lebensalltag haben, rücken neben dem Training an Geräten heutzutage immer mehr Übungen in den Vordergrund, die natürliche Bewegungsabläufe nachstellen. Zwar legen wir auch beim Ausdauersport an Muskelmasse zu, aber weniger ausgeprägt als mit den gezielten Übungen zum Muskel- und Kraftaufbau. Eine gut trainierte Muskulatur stärkt den gesamten Halteapparat und entlastet unsere Gelenke. Zudem lassen sich durch Kraftübungen Rückenschmerzen bekämpfen und Osteoporose entgegenwirken. Da Muskeln, die nicht mehr gebraucht werden, erschlaffen, wirkt eine gut ausgebildete Muskulatur auch einem altersbedingten Kraft- und Muskelschwund entgegen.

So sehr wir unsere Ausdauer und die Kraft in der Muskulatur schätzen, um unsere Beweglichkeit kümmern wir uns selten. Dabei leiden unter unseren meist eintönigen Bewegungsgewohnheiten mit der Zeit unsere Elastizität und Geschicklichkeit. Mit gymnastischen Übungen, die durchaus auch der muskulären Kräftigung dienen, bleiben wir agil und sorgen für eine geschmeidige Beweglichkeit.

Insgesamt liebt unser Körper eine gemäßigte Anstrengung mit vielseitigen, runden Bewegungen. Wenn wir ihm diese natürlichen Abläufe vorenthalten oder ihn gar in ein untypisches Bewegungskorsett zwingen, reagiert er mit Fehlstellungen, Funktionsstörungen und Krankheiten.

Abgesehen vom gesundheitlichen Aspekt körperlicher Aktivität, sind auch die Nebeneffekte wie Förderung der Disziplin oder Stärkung des Selbstwertgefühls wichtige Einflussfaktoren für unser inneres Gleichgewicht.

Vor allem wer nach einer längeren Pause wieder körperlich aktiv werden möchte, sollte unbedingt den Grundsatz

„safety first" beachten. Ein medizinischer Check liefert Klarheit über unseren Gesundheitszustand – von körperlichen Schwachstellen, die zur Vorsicht mahnen, bis zu Krankheiten, die einer gezielten Behandlung bedürfen. Generell gilt: Die körperliche Konstitution bestimmt Umfang und Intensität unserer sportlichen Aktivität.

Ernährung

Schon im 18. Jahrhundert schrieb der Franzose Jean Anthelme Brillat-Savarin:

> **»Sage mir,**
> **was du isst,**
> **und ich sage dir,**
> **was du bist«.**

Die Art und Weise, wie wir uns ernähren, ist Ausdruck unserer Identität – und gilt als Statussymbol. Vor diesem Hintergrund haben sich Essen und Trinken in unserem Kulturkreis zu einem Megatrend entwickelt und zum Lebensstil verdichtet. Welchem Trend oder welcher Ideologie Sie auch folgen, Ihrer Gesundheit zuliebe sollten Sie Ihre Ernährungsweise immer wieder mit Fragen wie diesen durchleuchten:

Worauf achte ich bei meiner Ernährung?

Was mag ich besonders?

Worauf könnte ich verzichten?

Was kommt bei der Ernährung zu kurz?

Wie hat es mir geschmeckt und wie ist es mir bekommen?

Gibt es Ernährungsgewohnheiten, die mir guttun oder unangenehme Folgen haben?

Mit unserer Ernährung versorgen wir unseren Körper mit den lebensnotwendigen Nährstoffen – führen ihm das zu, was er für seine vielfältigen Funktionen und Aufgaben benötigt. Damit ist sie ein bedeutender Faktor für unsere Gesundheit und Leistungsfähigkeit. Deshalb sollten wir stets unsere Nahrung sowie unser Ess- und Trinkverhalten im Blick haben.

Was gilt es bei der Ernährung zu beachten?

Zu kaum einem anderen Thema gibt es so viele unterschiedliche Ansichten und Meinungen wie zur Ernährung. Selbst in der Fachwelt wird heftig darüber diskutiert, welche Ernährungsform ideal ist und welchen Vorgaben wir folgen sollen. Unstrittig ist dagegen, dass insbesondere die Qualität unserer Nahrung einen großen Einfluss auf unsere Gesundheit und unser Leistungsvermögen hat. Heiltraditionen und wissenschaftliche Studien belegen zudem die Bedeutung einer hohen Wertigkeit auf unser psychisches Wohlbefinden. Gerade bei der Ernährung gilt: Qualität vor Quantität! Qualität, kaum ein Begriff wird so häufig verwendet und führt gleichzeitig so oft zu Missverständnissen wie dieser. Aus Sicht des Verbrauchers lässt sich die Lebensmittelqualität nach dem Gesundheits-, Ökologie- oder auch Genusswert bestimmen. Welcher Wert dominiert, ist vielfach abhängig vom Lebensalter oder von der sozialen Stellung. Apropos Qualität: Was die Wertigkeit anbelangt, ist unser Verhalten nicht immer schlüssig. Beim PKW achten viele Fahrer penibel darauf, welches Motoröl verwendet wird. Bei der Nahrungsaufnahme scheint ihnen dieses Qualitätsbewusstsein jedoch allzu oft abhandenzukommen.

Essen und Verdauen: Das ist der natürliche Ablauf bei unserer Ernährung. Verarbeitet und verwertet wird all das, was wir zu uns nehmen – je besser der Input, desto besser gerät die Verdauung und desto ergiebiger ist die Nutzung. Doch was gilt als guter Input? Generell lautet die Devise: ausgewogen und abwechslungsreich, nach Möglichkeit saisonal und regional! Dazu gehört auch eine gesunde Mischung der verschiedenen Nahrungsbestandteile. Daraus resultiert die allgemeine Empfehlung zur Zusammensetzung dessen, was wir täglich zu uns nehmen sollten:

- 50 % Obst und Gemüse
- 25 % vollwertige Kohlenhydrate
  (z. B. Getreide, Reis, Nudeln, Kartoffeln)
- 25 % Proteine und Fette (z. B. Fisch, Fleisch,
  Ei – oder auch auf pflanzlicher Basis)

In diesem Zusammenhang fällt oft der Begriff mediterrane Ernährung, die für eine traditionelle Ernährungsweise und einen südländischen Lebensstil steht. Entscheidend für ihre gesunde Wirkung gilt die Kombination von frischem Gemüse, hochwertigen Ölen, Fisch und Meeresfrüchten sowie Kräutern.

Beim Thema Essen und Trinken kommt ein Aspekt vielfach zu kurz: sauer und basisch. Ob etwas in unserem Körper sauer oder basisch wirkt, hängt von dessen Gehalt an Mineralstoffen und Proteinen ab. Die basische oder saure Wirkung entfaltet sich erst mit der Verdauung – der Geschmack spielt dabei keine Rolle. Nach wissenschaftlichen Erkenntnissen entsteht bei der heute üblichen Ernährung – wie mit den weit verbreiteten Lieblingen Fleisch, Fertiggerichte und Süßigkeiten – ein »saures« Übergewicht. Auch Stress, Alkohol, Rauchen und Bewegungsmangel tragen zur Übersäuerung bei. Ist unser Körper übersäuert, fühlen wir uns schlaff, erschöpft und müde, leiden unsere Konzentration und geistige Leistungsfähigkeit, zeigen sich Muskel- und Gelenkbeschwerden. Damit unser Körper funktioniert und nicht erkrankt, benötigt er einen ausgewogenen Säure-Basen-Haushalt. Diesen erzielen wir, indem wir uns vor allem mit Obst und Gemüse verstärkt basisch ernähren und auf einen gesunden Lebensstil – mit Bewegung und Entspannung – achten.

Worauf ist beim Ernährungsverhalten zu achten?

Auch bei der Ernährung gilt: Das Wie ist manchmal entscheidender als das Was! Darum sollten Sie sich Zeit nehmen und Ihr Essen genießen. Denn wer auf Achtsamkeit und Sinnlichkeit achtet, isst gesünder.

Je mehr wir unter Zeitdruck geraten, desto schlechter werden unsere Essgewohnheiten. Ohne Bedacht und viel zu schnell wird in sich hineingeschoben, was Schnellrestaurants und Imbissbuden hergeben. Wenn wir in Stress geraten, folgen wir gerne dem Diktat unseres Gehirns, das nach frischer Energie ruft. Bevor die Energie-Reserven in unserem Körper mobilisiert und angezapft sind, haben wir bereits zu Fettigem oder Süßem gegriffen, das schnell ins Blut gelangt. Wer gelernt hat, mit Stress richtig umzugehen, kann dieses ungesunde Essverhalten intelligent umgehen.

Beim »emotional eating« dient das Essen gar als Ersatz für nicht befriedigte Bedürfnisse oder Wünsche – als Ausgleich für den Verzicht auf die Zigarette oder als Antwort für fehlende Zuneigung – oder es werden bestimmte

Erlebnisse – wie ein Misserfolg oder Streit – mit Essen kompensiert. Was auch immer der Beweggrund sein mag, in diesen Situationen verliert die Nahrungsaufnahme ihre ursprüngliche Wertigkeit und wir neigen zum Verzehr von ungesunden Lebensmitteln – frei nach dem Motto: Geht es mir schlecht, gönne ich mir eine Kalorienbombe! Mit der Reflexion unseres ungesunden Verhaltens und der bewussten Zuwendung zur Achtsamkeit gelingt oft die Kehrtwende.

In vielen Fällen bedürfen Essstörungen – wie auch die Magersucht – einer medizinischen oder therapeutischen Behandlung.

Empfehlungen für eine gesunde Ernährung beinhalten zunehmend auch Essenspausen. Studien zeigen, dass der tage- oder stundenweise Verzicht auf Nahrung sich vor allem positiv auf Blutdruck, Blutzucker sowie Blutfette auswirkt. Der regelmäßige Nahrungsverzicht wird auch mit einem reduzierten Risiko für neurologische Krankheiten und Krebs in Verbindung gebracht.

Die Antwort zur richtigen Ernährung wird durch die Informationsflut in den Medien zunehmend in den Kopf verlagert. Dabei scheinen wir vergessen zu haben, dass unser Körper eine besondere Fähigkeit besitzt, mit der er uns signalisiert, ob er Nahrung braucht, was er verlangt oder auch verträgt. Die entsprechenden Reaktionen sind:

- Hunger oder Sättigung
- Appetit oder Ekel
- Bekömmlichkeit oder Unverträglichkeit

Mit intuitivem Essen gelangen wir automatisch in einen gesunden, natürlichen Essrhythmus. Wenn wir auf unser Bauchgefühl achten, essen wir zudem ausgewogener und entspannter – so das Urteil der Ernährungswissenschaftler.

Das Trinken nicht vergessen!

Oft unterschätzt wird die Notwendigkeit des Trinkens. Dabei ist Flüssigkeit Leben! Der menschliche Körper besteht vor allem aus Wasser. Die Höhe des Wasseranteils wird durch verschiedene Faktoren wie Alter, Geschlecht und Muskelmasse beeinflusst. Bei Neugeborenen liegt er bei rund 75 Prozent, während gesunde Erwachsene einen Wert um 60 Prozent aufweisen.

Als Orientierung für die tägliche Flüssigkeitszufuhr dient die Formel:

- 30 Milliliter (0,03 Liter) pro kg Körpergewicht

Der tatsächliche Bedarf richtet sich neben den Wetterverhältnissen auch nach individuellen Faktoren – wie Gesundheitszustand und Umfang der körperlichen Aktivität. Generell gilt:

- Immer dann trinken, wenn der Körper es signalisiert.
- Zwei Drittel der Trinkmenge sollten wir vormittags zu uns nehmen.

Auch wenn Studien darauf hinweisen, dass es im Einzelfall durchaus angebracht sein kann, den Richtwert außer Acht zu lassen, scheinen viele Menschen mit zu wenig Flüssigkeit über die Runden kommen zu wollen. Die Folgen dieses törichten Verzichts offenbaren sich gerade in der Sommerhitze schnell und unangenehm: Kreislaufbeschwerden bei Jung und Alt!

Viele Getränke, die wir täglich zu uns nehmen, lösen in unserem Körper den »Meerwassereffekt« aus und sorgen damit für Trockenheit. Allen voran die »Flüssigkeitsräuber« Limonaden, Softdrinks und Alkohol müssen vom Organismus innerlich angereichert und verdünnt werden, damit sie für den Körper brauchbar sind und weiterverarbeitet werden können. Zur Deckung des Flüssigkeitsbedarfs eignen sich vor allem diese Getränke:

- Wasser
- Ungesüßter Kräuter- und Früchtetee
- Verdünnte Fruchtsäfte
- Wenig gesalzene Suppen

Anders als früher darf heute auch Kaffee – sofern es bei bis zu vier Tassen täglich bleibt – mit dazugerechnet werden, da Koffein dem Körper kein Wasser entzieht und auch die harntreibende Wirkung überschätzt wurde. Das Gleiche gilt für Schwarzen und Grünen Tee. Auch Bier – sofern alkoholreduziert oder sogar alkoholfrei – ist zur Deckung des Flüssigkeitsbedarfs zulässig. Stark wasserhaltiges Obst und Gemüse runden das Spektrum ab.

Die Art und Weise, wie wir uns ernähren, ist so individuell wie wir selbst. Unsere Ernährung muss nicht nur bekömmlich sein, sondern sollte auch zu uns – zu unserem Alter, Gesundheitszustand, Bewegungsmuster oder auch Stoffwechsel – passen. Wenn wir uns unvernünftig ernähren, überfordern wir unseren Organismus und ebnen einer Dysbalance den Weg. Kleine kulinarische Sünden und Verfehlungen wird Ihr Körper Ihnen verzeihen, sofern sie Ausnahmen bleiben und Sie nicht vom rechten Weg abbringen.

Schlaf

Nacht für Nacht durchlaufen wir eine sonderbare Metamorphose: Unser Körper erschlafft, unser Bewusstsein schwindet und wir versinken im Schlaf. Ungefähr ein Drittel unseres Lebens verbringen wir in diesem Zustand. Gesteuert wird der Tag-Nacht-Rhythmus, der Wechsel von Wachsein und Schlaf, von dem Hormon Melatonin.

In der heutigen Zeit klagen viele Menschen über Schlaf-störungen oder weisen einen Schlafmangel auf. Dabei ist ein gesunder – sprich tiefer und ausreichender – Schlaf sehr bedeutsam für unsere Gesundheit. Das Schlafhormon Melatonin und die im Schlaf parallel freigesetzten Wachstumshormone aktivieren die Selbstheilungskräfte und fördern unsere Regeneration. Da viele Menschen jedoch eine unzureichende Tiefschlafphase haben, kann sich die nächtliche Regeneration nicht wie gewünscht entfalten und kommt oftmals zu kurz. Wir lernen sogar im Schlaf! In diesem Zustand ruft das Gehirn zuvor Erlebtes noch einmal ab und festigt neue Gedächtnisinhalte – Informationen wandern vom Kurzzeit- in das Langzeitgedächtnis. Das Fazit lautet: Schlaf hält gesund, macht leistungsfähig, fit und kreativ! Ein gesunder Schlaf ebnet uns den Weg für einen erfolgreichen Tag. Einen sehr treffenden Vergleich zog einst der Philosoph Arthur Schopenhauer:

> **»Denn der Schlaf
> ist für den ganzen Menschen,
> was das Aufziehen
> für die Uhr.«**

Werden wir unseres Schlafs beraubt, werden wir auch dieser positiven Auswirkungen beraubt. Schlafmangel macht uns müde und träge, vermindert unsere Reaktions- und Leistungsfähigkeit, stört unseren Stoffwechsel und erhöht das Risiko für Übergewicht, Diabetes sowie

Bluthochdruck. Eine Studie der britischen University of Surrey in Guildford enthüllte, dass unzureichender Schlaf die Aktivität eines Teils unserer Gene verändert und negativ beeinflusst – auch die, die für die Stress-Reaktion in unserem Körper verantwortlich sind.

Trotz der erwiesenen positiven Begleiterscheinungen genießt der Schlaf in unserer Leistungsgesellschaft kein allzu gutes Image. Zwar gestehen wir Kindern oder Senioren ein Nickerchen und den Südländern ihre Siesta zu, doch wer zeitig ins Bett gehen möchte, wird gerne belächelt. Gerade weil der Schlaf so vielfältige positive Auswirkungen hat, sollten wir unsere Schlafkultur mit diesen Fragen eruieren:

Wie sieht mein Schlafrhythmus aus?

Kommt mein Schlaf wie auf Zuruf oder leide ich unter Einschlafstörungen?

Wie war mein Schlafverhalten in der Jugend?

Schlafe ich in meiner Freizeit anders als im Berufsalltag?

Was fördert meine Schlafqualität und was führt zu einem schlechteren Schlaf?

Jeder Mensch hat sein typenspezifisches Schlafbedürfnis. Je nach Veranlagung benötigen Erwachsene zwischen fünf und zehn Stunden Schlaf. Da unser Schlafsystem sehr flexibel ist, können wir das Schlafbedürfnis auch mal verdrängen und eine Nacht durchmachen. Wir sollten uns jedoch darüber im Klaren sein, dass die Schlafqualität leidet, wenn wir dauerhaft nicht ausreichend und regelmäßig schlafen. Wer zudem über die Woche im Beruf oder beim Studium stark gefordert ist, sollte bedenken, dass er am Wochenende seine Ruhe und seinen Schlaf braucht, um in seiner Balance zu bleiben.

Was fördert die Schlafqualität?

Generell sollte das Bett nur zum Schlafen benutzt werden. Für ein gutes Schlafklima sorgt eine frische, kühle Luftzufuhr.

Wir sollten nur dann zu Bett gehen, wenn die nötige Müdigkeit erreicht ist. Gelingt es uns, meist zur gleichen Zeit einzuschlafen, legen wir den Grundstein für einen gesunden Schlafrhythmus.

Moderate Bewegungseinheiten – vor allem an der frischen Luft –, ein leichtes Essen in entspannter Atmosphäre, leise Töne oder auch Stille lassen das vegetative Nervensystem zur Ruhe kommen und verhelfen zur Bettschwere. Alkohol kann zwar das Einschlafen fördern, unterbindet aber einen tiefen, erholsamen Schlaf. Auf künstliches Licht sollte verzichtet werden, da es die Melatoninausschüttung stört. Das Niederschreiben von störenden Gedanken und der Schwenk zu einer konstruktiven Sichtweise helfen, sich von schlafstörenden Plagegeistern zu befreien.

Jeden Morgen zur gleichen Zeit aufstehen: Wissenschaftliche Studien belegen, dass dies für ein gesundes Schlafmuster wichtiger ist, als immer zur gleichen Zeit ins Bett zu gehen.

Drei Faktoren sind primär für unsere körperliche Verfassung und unser vitales Gleichgewicht verantwortlich. Für Ihre Balance auf physischer Ebene benötigen Sie die Kombination aus:

- Ausreichende Bewegung
- Vernünftige Ernährung
- Gesunder Schlaf

Psychische Ebene

Wenn wir uns mit der Psyche beschäftigen, rücken unsere Gedanken und Gefühle in den Mittelpunkt der Betrachtung. Viele Menschen scheuen sich, sich bewusst mit ihren Gedanken und Gefühlen auseinanderzusetzten – dabei entfalten diese eine große Wirkungskraft. Allerdings nur, wenn wir uns mit ihnen näher beschäftigen, können wir das Positive nutzen und die Nachteile meiden.

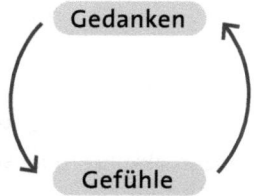

Gedanken und Gefühle sind eng miteinander verbunden. Unsere Empfindungen sind das Ergebnis unserer Gedanken – positive Gedanken sorgen für ein positives Empfinden, negatives Gedankengut führt zu negativen Emotionen. Andererseits wird die Ausrichtung unserer Gedanken durch unsere Stimmungslage begünstigt oder erschwert – fühlen wir uns gut, fällt es uns leichter positiv zu denken, als wenn unsere Gefühlslage schlecht ist.

Gedanken

Gedanken sind Bewusstseinsinhalte, die durch neurophysiologische Prozesse im Gehirn entstehen. Sie dienen aus psychologischer Sicht der Einschätzung von Situationen sowie der Planung und Steuerung von Handlungen. Im Wachzustand nehmen wir unaufhörlich Informationen wahr und verarbeiten diese. So entstehen automatisch Gedanken – nicht nur sinnvolle.

Zur Auseinandersetzung mit unseren Gedanken helfen diese Fragen:

> **Woran denke ich gerade?**
>
> **Beherrscht mich ein zentraler Gedanke, zu dem ich immer wieder zurückkehre, oder wandern meine Gedanken?**
>
> **Bleibe ich mit meinen Gedanken in der Gegenwart oder drifte ich in die Vergangenheit oder Zukunft ab?**
>
> **Welche Gedanken begleiten mich in besonderen Situationen?**

Gerade negative Gedanken sind ergiebige Stress-Quellen und ein sehr guter Nährboden für chronischen Stress. Während angenehme, schöne Gedanken meist schnell wieder verschwinden, lassen uns die bedrückenden, belastenden Vorstellungen leider nicht so schnell los. Wissenschaftler vermuten dahinter ein Erbe der Evolution. Wir haben als Art überlebt, weil wir uns auf das konzentriert haben, was uns schaden könnte, was uns Probleme bereiten und mit Gefahren verbunden sein kann. So fokussieren wir uns auch heutzutage gerne und allzu oft auf das Negative.

Unsere Vorstellungskraft, die mit Gedanken und Gefühlen gefütterte Erwartungshaltung, hat eine weitreichende Wirkung auf unseren Organismus. In diesem Zusammenhang dürfte den meisten der Placebo-Effekt bekannt sein. Auch wenn noch nicht hinreichend erforscht ist, wie genau der Effekt funktioniert, konnte seine Wirkung bereits wissenschaftlich nachgewiesen werden. Der Mix aus zuversichtlicher Haltung und freudiger Erwartung kann wahre Wunder bewirken – er stärkt unsere Selbstheilungskräfte und unterstützt den Genesungsprozess. In die entgegengesetzte Richtung wirkt die negative Ausrichtung unserer Vorstellung – in diesem Fall spricht man vom Nocebo-Effekt.

Die Ausrichtung unserer Gedanken – wie Vertrauen und Zuversicht oder Misstrauen und Sorge – beeinflusst und verändert die Struktur unseres Gehirns. Denn so wie sich Lachfalten in das Gesicht eines Menschen eingraben, der oft fröhlich ist, so hinterlassen unsere Gedankengänge ihre Spuren im Gehirn.

Unsere Gedanken zu beherrschen ist nicht so einfach, allzu oft beherrschen sie uns. Dennoch sind wir in der Lage, auf sie einzuwirken – wir haben die Möglichkeit, sie zu bändigen oder ihnen einen neuen Inhalt und damit eine konstruktive Wirkung zu geben.

Wie werden wir störende Gedanken los?

Zunächst sollten wir akzeptieren, dass es völlig normal ist, dass Gedanken auftauchen und sich immer wieder melden. Sie lassen sich nicht mit Gewalt aus unserem Bewusstsein verbannen – je intensiver wir an ihnen zerren, desto hartnäckiger verteidigen sie sich. Wenn wir uns dagegen mit anderen Dingen beschäftigen, entziehen wir den Gedanken unsere Aufmerksamkeit – bis sie in den Hintergrund treten und irgendwann verschwinden. Gerade zur Nachtzeit empfiehlt es sich, die schlafstörenden Gedanken aufzuschreiben, um sich ihnen am folgenden Tag zuzuwenden. Sobald etwas niedergeschrieben ist, kann es nicht mehr verlorengehen. Dieser Umstand sorgt dafür, dass wir uns befreit fühlen und erleichtert sind.

Mentale Stärke wirkt wie ein Schutzschild und sorgt für einen kontrollierten Umgang mit unseren Gedanken. Bei der Suche nach einer stabilen inneren Haltung haben sich mit der Achtsamkeit und Meditation zwei probate Ansätze etabliert. Indem wir aufkommenden Gedanken wertfrei begegnen oder unsere Aufmerksamkeit auch bei Störungen immer wieder auf ein Meditationsobjekt fokussieren, kontrollieren wir unsere Gedanken – wir lernen ihnen angemessen zu begegnen und nehmen ihnen

Wichtigkeit sowie Kraft. Diesen souveränen Umgang mit unseren Gedanken beschreibt Jon Kabat-Zinn wie folgt:

**»Du kannst die Wellen nicht stoppen.
Aber Du kannst lernen,
auf ihnen zu surfen.«**

Es gibt auch Ansätze, mit denen wir uns bewusst von unseren Gedanken verabschieden können – etwa, indem wir sie auf einen Zettel schreiben und diesen verbrennen oder sie in unserer Vorstellung auf eine Wolke ablegen und sie mit dem Wind davonziehen lassen. Diese symbolischen Aktionen können helfen, sich von störenden Gedanken zu trennen – und sie nicht nur zu unterdrücken oder zu verdrängen.

**Wie können wir anderweitig
auf unsere Gedanken einwirken?**

Um unsere Gedanken zu beruhigen und allzu negativ gefärbtem Gedankengut eine andere Richtung zu geben, kann ein Blick auf unsere Ressourcen helfen. Ein Besinnen auf unsere komfortable Situation – wie unsere Kenntnisse, Fähigkeiten und Stärken, unser soziales Umfeld oder unsere finanzielle Sicherheit – trägt zur Beruhigung bei und lässt uns konstruktiver nach vorne schauen.

Glaubenssätze, die wir in uns tragen und Ausdruck unserer Persönlichkeit sind, steuern unsere Aufmerksamkeit – sie beeinflussen unser Denken, Fühlen als auch Handeln. Gerade bei der Konfrontation mit unliebsamen Situationen – wie einer wichtigen Rede vor Kollegen oder Mitarbeitern – können negative Glaubenssätze, die tief in unserem Inneren verankert sind, hinderlich sein und in die falsche Richtung führen. Begleiten Sie in diesem Moment Denkmuster wie »Reden liegen mir nicht«, »Ich bin nicht optimal vorbereitet« oder »Keiner ist für diese Aufgabe ungeeigneter als ich«, können Sie sich leicht vorstellen, welche Auswirkungen diese Einstellung in Ihnen entfalten. Wollen Sie es sich mit diesem Gedankengut etwa unnötig schwer machen? Bestimmt nicht! Sollen diese Selbstzweifel herhalten, um Ihren vorprogrammierten Misserfolg zu rechtfertigen? Tun Sie sich das bitte nicht an! Um in einer derartigen Situation wieder Selbstvertrauen zu gewinnen, sollten Sie unbedingt zur Gegenwehr ansetzen. Dazu benötigen Sie umgehend einen förderlichen und stärkenden Glaubenssatz. Wenn Sie der Meinung sind, dass Sie eher ein introvertierter Mensch und kein guter Redner sind, kann Ihnen folgende Sichtweise die notwendige Sicherheit geben: »Ich bin zwar ein schüchterner Mensch und habe meine Schwächen, aber wenn ich damit authentisch umgehe, wirke ich sympathisch.« Um nicht in einem irrationalen Gedankengerüst gefangen zu sein, sollten wir unsere Glaubenssätze immer wieder auf ihren Wahrheitsgehalt überprüfen: Basieren unsere Ansichten auf Fakten oder vagen Annahmen? Sind unsere Einstellungen noch aktuell? Wenn wir erkennen, dass ein Glaubenssatz in die falsche Richtung weist, sollten wir ihn durch einen anderen ersetzen. Bei der Überarbeitung ist jedoch darauf zu achten, dass die neue Überzeugung zu uns passt und auf einer ehrlichen Selbsteinschätzung basiert.

Gleiches gilt für unsere Erwartungshaltung. Auch unsere Erwartungen sollten wir immer wieder mit der Realität und den aktuellen Gegebenheiten abgleichen und gegebenenfalls anpassen – heraufsetzen oder herunterschrauben.

Für unsere geistige Balance benötigen wir neben gut strukturierten Gedanken auch einen wachen, gesunden Geist. Dazu gehören Aufmerksamkeit und eine ungetrübte Wahrnehmung, ein makelloses Gedächtnis und ein präzises Denkvermögen sowie die Fähigkeit, mit einer guten Koordination Bewegungen auf effiziente, präzise und geordnete Weise auszuführen.

Gefühle

Jeder von uns hat sie, doch sie wahrzunehmen und richtig zu benennen, fällt vielen Menschen schwer. Das liegt vor allem daran, dass sich die alltäglichen Gefühle eher gedämpft im Hintergrund zeigen – wie eine Art leise Begleitmusik. Sie werden meist erst dann wahrgenommen, wenn sie eine hinreichende Intensität erreicht haben.

Mit diesen Fragen finden wir Zugang zu unserer Gefühlsebene:

> **Was empfinde ich?**
>
> **Nehme ich meine Gefühle so intensiv wahr wie meine Gedanken?**
>
> **Ist das Gefühl neu oder ist es mir vertraut?**
>
> **In welchem Zusammenhang taucht das Gefühl auf?**
>
> **Gibt es ein dominantes Gefühl oder zeigen sich weitere Gefühle?**
>
> **Wie wirken die Gefühle auf mich?**
>
> **Wie gehe ich mit emotionalen Überreaktionen um?**

Gefühle an sich sind nicht schädlich – sie spiegeln unsere Empfindungen wider. Sie verraten uns, wie es uns geht, was uns guttut oder was wir vermissen. Somit sind unsere Gefühle grundsätzlich ein verlässlicher Lebenskompass. Unser Verstand dagegen ist ein denkbar schlechter Wegweiser, da er sehr anfällig für Manipulationen ist. Er lässt sich gerne durch die Meinung anderer und mittels medialer Einflüsse, die beide leicht in eine Fremdbestimmung münden, beeinflussen. Finden wir keinen Zugang zu unseren Gefühlen, fehlt uns Orientierung. Missachten wir sie oder gehen gar gegen sie vor, baut sich eine innere Spannung auf, die Kraft und Energie kostet – die an uns zehrt und uns krank macht.

Die Wertigkeit unserer Gefühlswelt zeigt sich auch in ihrer Fähigkeit, innerhalb des Bruchteils einer Sekunde zu signalisieren, ob eine Situation für uns harmlos oder aber bedrohlich ist. Da unser Denkapparat für derartige Schnellurteile zu träge ist, übernehmen unsere Gefühle eine wichtige Signalfunktion – sie geben Entwarnung oder mahnen zur Vorsicht. Zudem ist unser Denken angesichts der Komplexität einer Aufgabe oder der großen Datenmenge schnell überfordert. Je undurchsichtiger die Situation, desto besser ist die Chance, dass wir bei einer Entscheidung mit unserem Bauchgefühl, der inneren Stimme, richtigliegen.

Befanden Sie sich schon einmal in einer Situation, in der es Ihnen schwerfiel, sich für eine Option zu entscheiden? In den Momenten, in denen wir Probleme haben, uns festzulegen, werden wir oft mit einem inneren Konflikt konfrontiert: Unser Verstand nickt zustimmend, doch eine innere Stimme schießt quer – oder umgekehrt. Keine Option findet unsere uneingeschränkte Zustimmung. Wie genau die innere Stimme zu ihrer Entscheidung kommt, gibt sie nicht immer preis. Es ist mitunter nur ein vages Gefühl, das uns zu etwas hinzieht oder von etwas fernhält. Wem sollen wir folgen, unserem messerscharfen, klaren Verstand oder einem unpräzisen Gefühl? Vermeiden Sie in diesen Situationen unbedingt eine »Kopf-Bauch-Spaltung« – suchen Sie die Lösung, bei der sich Ihre Psyche im Gleichklang befindet! Nur wenn bei einer Entscheidung die beiden

Bewertungssysteme Verstand und Gefühl übereinstimmen, sind wir mit dem getroffenen Urteil zufrieden.

Beim Umgang mit unseren Gefühlen sollten wir diese Regeln beachten:

- Gefühle zulassen, nicht unterdrücken
- Gefühle wahrnehmen
- Auf Gefühle eingehen

Sollen wir unseren Gefühlen uneingeschränkt folgen?

Immer wenn unsere Gefühle in Extreme ausarten wie bei Panik, Hass, Wut und Zorn, spiegeln sie unangemessene und übertriebene Empfindungen wider – dann verlieren sie ihre wertvolle Funktion als Lebenskompass. Darum sollten wir sie immer wieder – vor allem wenn sie sehr exponiert ausfallen – überprüfen, ob sie zur Situation passen und angebracht sind. Gerade in Momenten, in denen wir zu übermäßigen, sehr ausgeprägten Gefühlen neigen, sollten wir diese (Über-)Reaktion hinterfragen: Passt unser Empfinden zur Situation? Reagieren wir angemessen oder übertrieben? Mit einer kognitiven Umstrukturierung, der Korrektur unseres bisherigen Denkens und Bewertens, gelingt es uns, unsere Gefühle unter Kontrolle zu halten und in eine adäquate Ausprägung zu lenken. Dies bewahrt uns auch vor einer Tyrannei der Emotionen.

Was ist im Umgang mit unseren Gefühlen noch zu beachten?

Gerade wenn unsere Gedanken die Gefühle überlagern, besteht die Gefahr, dass wir uns verleiten lassen. Fast jeder kennt die innere Motivation, die vom Kopf ausgeht und uns antreibt, wenn sich erste Erschöpfungsanzeichen bemerkbar machen. Doch jede Motivation, die unsere Empfindungen missachtet, ist trügerisch und von falschem Ehrgeiz getrieben. Wenn wir das Gefühl haben, dass unser Körper lieber eine Pause einlegen möchte und eine Auszeit jetzt willkommen ist, tun wir gut daran, diesem Signal zu folgen. Doch allzu oft dominiert in diesen Konfliktsituationen unser Verstand, der uns motiviert, den vielfach zitierten inneren Schweinehund zu besiegen. Dabei sollte jedem bewusst sein, dass uns lediglich unser Empfinden signalisieren kann, wonach wir uns sehnen und was uns stört. Unser Kopf dagegen wird gefüttert und fehlgeleitet von trügerischen Normen oder allgemeinen, unspezifischen Ratschlägen. Wenn wir der Meinung Dritter eher vertrauen als unserer inneren Stimme, bevormunden wir unseren Körper – so lange, bis er sich rebellierend zur Wehr setzt oder gar kollabiert.

Das Zusammenspiel von Gefühlen und Verstand führt uns zur »Emotionalen Intelligenz« – einem im Jahr 1990 von Forschern der Universität Yale/New Hampshire eingeführten Terminus.

Zur Emotionalen Intelligenz gehören insbesondere diese Fähigkeiten:

- Eigene und fremde Gefühle wahrnehmen
- Über eigene und fremde Gefühle nachdenken und urteilen
- Mit eigenen und fremden Gefühlen richtig umgehen

Nicht nur, da wir es in unserem Leben häufig mit anderen Menschen zu tun haben, ist die Emotionale Intelligenz von großer Bedeutung. Auch wenn viele der Überzeugung sind, über diese Gabe zu verfügen, mangelt es vielen daran, sich sowohl der eigenen Gefühle als auch der Gefühle der anderen bewusst zu sein. Die frohe Botschaft lautet: Emotionale Intelligenz lässt sich erlernen und weiterentwickeln!

Eine intakte Gefühlsebene ist ausschlaggebend für unsere seelische, emotionale Balance.

Für unser Gleichgewicht auf psychischer Ebene sind vor allem Richtung und Intensität unserer Gedanken und Gefühle verantwortlich. Ihre Balance finden Sie mit der richtigen mentalen und emotionalen Positionierung.

Ganzheitliche Ebene

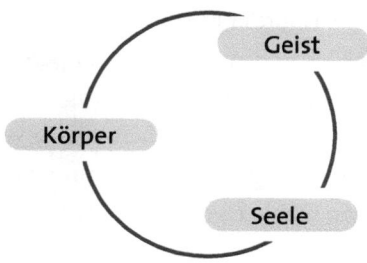

Die Folgen einer Ausgewogenheit auf der dreidimensionalen menschlichen Ebene zeigen sich sehr anschaulich beim Blick in den Spitzensport. Wenn sich körperliche Fitness mit mentalen Fähigkeiten und emotionaler Stärke verbinden, können Spitzenleistungen entstehen. Die Grundlage bildet ein gut trainierter, auf die jeweilige Sportart ausgerichteter Körper, der den physischen Belastungen standhält. Zudem bedarf es einer präzisen vom Gehirn koordinierten Steuerung der Bewegungsabläufe. Darüber hinaus muss der Athlet total auf seine Leistung fixiert sein und darf sich nicht ablenken lassen. Äußere Störungen sowie aufkommende Gedanken und Emotionen, die der Leistung nicht förderlich sind, muss der Sportler ausblenden. Nur wenn die körperliche, mentale und emotionale Ausrichtung stimmt, sind wir in der Lage, Höchstleistungen zu erbringen. Wird das Gebilde dank körperlicher Schwachstellen, Unkonzentriertheit, Überschätzung oder Angst instabil, drohen Verletzungen oder gravierende gesundheitliche Schäden. Mit dem zunehmenden Wissen um diese Zusammenhänge und Effekte haben viele Spitzensportler mittlerweile ihr Training radikal umgestellt. Die eindimensionale, körperbetonte Ausrichtung ist zunehmend einer Mischung aus physischen und psychischen Einheiten gewichen. Dafür verfügen die Protagonisten heutzutage über ein Team von Betreuern, das die jeweiligen Gebiete gezielt abdeckt.

Nicht nur wenn wir Sport treiben, gewinnen wir mit diesen Fragen einen interessanten Einblick in unsere innere Ausrichtung:

> **Bemerke ich die Wirkung von Gedanken und Gefühlsregungen auf meine körperliche Leistung?**
>
> **Mache ich mir den positiven Effekt bewusst zunutze?**
>
> **Kümmere ich mich um alle drei Dimensionen oder verkümmert ein Segment?**

Wenn es um Physis und Psyche geht, darf der Hinweis auf den »Bannister-Effekt« nicht fehlen. Der Begriff geht auf den Briten Roger Bannister zurück und beschreibt ein Ereignis im Jahr 1954. Zu dieser Zeit war sich die Fachwelt einig, dass der menschliche Organismus nicht in der Lage ist, die Distanz von einer Meile in einer Zeit von unter vier Minuten zu laufen. Da zahlreiche Läufer bereits an der magischen Schallmauer gescheitert waren, galt die Vier-Minuten-Grenze als naturgegeben und daher unüberwindlich – bis der Medizinstudent und Mittelstreckenläufer Roger Bannister am 6. Mai mit einem Rekordlauf von 3:59,04 Minuten in die Sportgeschichte einging. Die Botschaft dieser Leistung, die bis heute als einer der großartigsten ihrer Art gilt, lautete: Es ist machbar! Nachdem die Schallmauer durchbrochen war, dauerte es nur 46 Tage, bis ein neuer Rekord aufgestellt wurde. Da der Glaube bekanntlich Berge versetzt, erzielten im selben Jahr noch zahlreiche Läufer eine noch vor einigen Wochen nicht für möglich gehaltene Laufzeit.

Da für die körperliche Leistungsfähigkeit auch unsere psychische Verfassung ausschlaggebend ist, gewinnen Begriffe wie Selbstvertrauen und innere Stärke nicht nur in der Welt des Sports immer größere Bedeutung. Doch was geschieht, wenn wir auf Dauer mehr wollen, als unser Körper zu leisten in der Lage ist? Stehen mentale Fähigkeit und körperliche Konstitution länger in einem ungesunden Verhältnis zueinander, bleiben gesundheitliche Schäden nicht aus. Mit der emotionalen Komponente im System Mensch – mit dem Zugang zu unserem Körper, dem richtigen Gefühl für unsere körperliche Verfassung –, eliminieren wir dieses Risiko. Um nicht nur ein kurzfristiges Erfolgserlebnis, sondern auch einen nachhaltigen Erfolg zu haben, benötigen wir unbedingt ein austariertes Miteinander von Physis und Psyche.

Wie können wir gezielt die ganzheitliche Ebene ansprechen?

Vor allem mit körperlicher Aktivität haben wir die Möglichkeit, gleich mehrfach positiv auf unseren Organismus einzuwirken. Richtig ausgeführt, verbessert Bewegung unsere körperliche Fitness. Wenn wir uns körperlich betätigen, fördern wir damit auch die Leistung unseres Gehirns. Vor allem koordinativ anspruchsvolle Sportarten, die komplexe Bewegungsabläufe und Interaktionen mit Mitspielern verlangen, verbessern die geistige Leistungsfähigkeit. Wissenschaftliche Untersuchungen belegen sowohl deutliche Verbesserungen in der Kindheit (kognitive Aufbauphase) als auch im hohen Alter (kognitive Abbauphase). Speziell mit der Bewegung in der Natur oder auch beim Sport in der Gruppe werden die psychischen Komponenten angesprochen – unsere Gedanken beruhigen sich und unsere Stimmung hellt sich auf.

In der westlichen Welt zählen die fernöstlichen Techniken Yoga, Qi Gong und Tai Chi zu sehr beliebten Bewegungsformen, um Körper, Geist und Seele anzusprechen und in Gleichklang zu bringen. Bei Yoga werden mehrere Arten und Richtungen unterschieden. Hierzulande ist das Hatha-Yoga, bei dem sich körperliche Übungen und Meditation harmonisch verbinden, recht populär. Qi Gong und Tai Chi folgen einer festgelegten Choreographie und bestehen aus einer Abfolge von speziellen, fließend ineinander übergehenden Bewegungsabläufen. Alle Ansätze verbinden die Bedeutung der Atmung und das Fehlen jeglichen Leistungscharakters.

Neben der Bewegung entfaltet auch die Natur eine ganzheitliche Wirkung. Wer kennt nicht den befreienden, beruhigenden und erfrischenden Effekt, der von einem Aufenthalt in unberührten Landschaften – im Wald oder auf freien Feldern, im Gebirge oder an der See – ausgeht? Wem der Zugang zur Natur verwehrt ist, kann sich mit der Anwendung von ausgewählten Düften und Kräutern behelfen, die eine nachhaltige Wirkung auf die menschliche Physis und Psyche entfalten.

Um Ihre Balance zu finden, können Sie auf bewährte Traditionen zurückgreifen oder Ihre eigenen Wege gehen. Erlaubt ist, was Ihnen gefällt, guttut und hilft!

Die Balance auf ganzheitlicher Ebene erfordert ein stimmiges Miteinander von Körper, Geist und Seele – die Erfüllung folgender Komponenten:

- Gute körperliche Verfassung
- Wacher Geist mit gut strukturierten Gedanken
- Intakte Gefühlsebene

Das sind wesentliche Grundlagen für ein erfolgreiches Leben – auf privater und beruflicher Ebene. Unstimmigkeiten verursachen Missklänge und wirken wie Sand im Getriebe des Systems Mensch – sie sorgen dafür, dass wir eine unzureichende Leistung zeigen und sogar unsere Gesundheit gefährden.

AUSKLANG

Erinnern Sie sich noch an die Eingangsfrage?

Bereits der römische Redner und Staatsmann Marcus Tullius Cicero erkannte den besonderen Wert dieses angenehmen Zustands:

> **»Zufriedenheit mit seiner Lage
> ist der größte und sicherste
> Reichtum.«**

Zufriedenheit bedeutet, innerlich ausgeglichen zu sein – sind wir in unserer Balance, sind wir zufrieden.

Einseitigkeiten, vor allem wenn sie verführerisch und angenehm daherkommen, mögen zwar kurzfristig für ein Glücksgefühl sorgen, gefährden aber unsere nachhaltige Zufriedenheit.

Indem wir Kurs auf unsere Balance nehmen, legen wir auch den Grundstein für das Erreichen bedeutender Ziele. Balancing – unser inneres Gleichgewicht finden und halten – ist der Schlüssel zum Erfolg!

Zu dieser Erkenntnis gelangen wir auf zwei Wegen: Leiden oder Lernen! Den schmerzhaften, wenig erfreulichen Leidensweg können Sie umgehen, indem Sie Ihr auf den bisherigen Seiten erworbenes Wissen nunmehr in die Tat umsetzen und der Botschaft dieses Buches folgen.

So gelingt Ihnen der richtige Dreh!

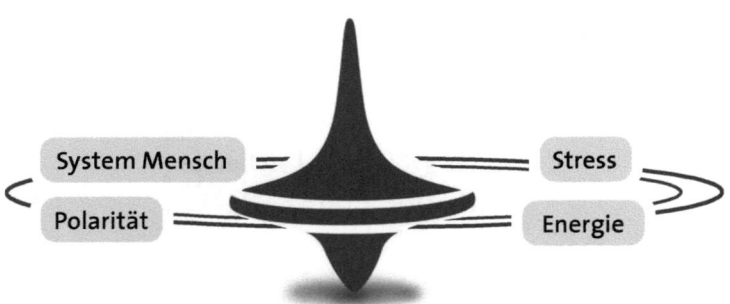

IN EIGENER SACHE

In diesem Buch haben Sie erfahren, welcher Thematik ich meine Arbeit – motiviert von der eigenen Lebensgeschichte – in den letzten Jahren gewidmet habe. Balancing ist der Inhalt meiner Tätigkeit. Wie sieht die »Verpackung« meiner Arbeit aus?

Das Leistungsspektrum fokussiert sich auf Veranstaltungen und Beratung.

Impulsveranstaltungen wie Vorträge und Seminare eignen sich, um für die Bedeutung sowie Gestaltung von Balancing zu sensibilisieren und zum Aktivwerden anzuregen. Neben einem Einblick in die Welt von Ausgewogenheit und Stabilität erhalten die Teilnehmer einen Überblick zu bedeutenden Ansätzen zur Erzielung ihres inneren Gleichgewichts. Seminare bieten eine gute Plattform, um sich aktiv mit ausgewählten Möglichkeiten zur Selbstregulation vertraut zu machen – sie angelehnt an die jeweilige Örtlichkeit zu praktizieren und bewusst zu erleben. Die Veranstaltungen haben stets einen individuellen Zuschnitt und damit einen exklusiven Charakter.

Zur Selbstregulation gehört Veränderung. Wissenschaftliche Studien belegen immer wieder den verbreiteten Wunsch nach einer persönlichen Neuausrichtung, weisen aber auch darauf hin, dass der Versuch, sich aus sich selbst heraus zu verändern, meist fehlschlägt. Vor allem wenn sich Menschen mit der Selbstwahrnehmung, bei der selbstkritischen Betrachtung, der Suche nach Lösungsansätzen oder der Umsetzung ihrer Vorhaben schwertun, kann ein erfahrener Begleiter wertvolle Dienste leisten. Zudem können im Rahmen einer Beratung persönliche Anliegen exklusiv und intensiv behandelt werden. Institutionen berate und begleite ich bei der Konzeption und Implementierung von auf Balancing ausgerichteten Konzepten – auch zur Gestaltung einer modernen Arbeitswelt.

Dienstleistungen mit ähnlichem Zuschnitt – wie eine Freizeit-/Urlaubsbegleitung – runden das Leistungspaket ab. Geführte Touren verbinden intensives Naturerleben mit genussvoller Bewegung und sorgen für besondere, eindrucksvolle Momente. Ob einzeln oder in der Gruppe – entdecken Sie die Faszination der Wildnis und profitieren Sie von nachhaltigen Erfahrungen in unberührter Natur! Momente, sich gezielt mit der eigenen Person zu beschäftigen, reduzieren sich meist auf ein limitiertes Zeitfenster abseits von familiären, beruflichen oder sonstigen Verpflichtungen. Um diese knappe Zeitspanne optimal zu nutzen, haben Sie des Weiteren Gelegenheit, sich auch zu außergewöhnlichen Zeiten und an besonderen Orten gemeinsam mit mir Klarheit über Ihre Situation zu verschaffen, nach Lösungen für eine bessere Zukunft Ausschau zu halten und Ihr Vorhaben bereits mit ersten Schritten in die Tat umzusetzen.

Habe ich Sie neugierig gemacht,
den nächsten Schritt zu tun?

Dann würde ich mich freuen, wenn wir uns persönlich kennenlernen.

Weitere Informationen finden Sie unter:
www.helmut-engels.de

Ihr Helmut Engels

ANHANG

WASSERLEHRE

Eine Psychologin läuft im Raum umher, während sie ihren Zuhörern etwas über Stress-Management erzählt.

Als sie ein Glas Wasser zeigt, erwartet jeder die Frage, ob es halb voll oder halb leer sei.

Doch stattdessen fragt sie mit einem Lächeln im Gesicht: »Wie schwer ist dieses Glas Wasser?«

Die Antworten sind unterschiedlich – sie reichen von 225 bis 570 Gramm.

Daraufhin antwortet sie: »Das absolute Gewicht ist nicht relevant. Es kommt darauf an, wie lange ich es in der Hand halte. Halte ich es einige Sekunden, ist das absolut kein Problem. Halte ich es ein paar Minuten, beginnt mein Arm bereits zu schmerzen. Halte ich es deutlich länger, geht mir irgendwann die Kraft aus. In allen drei Fällen ist das Gewicht des Glases identisch – aber je länger ich es halte, umso schwerer und schmerzhafter wird es.«

Sie fährt fort: »Die Probleme und Sorgen in unserem Leben sind vergleichbar mit diesem Wasserglas. Denken wir ein Weilchen über sie nach, passiert nichts. Denken wir etwas länger über sie nach, wird es schon unangenehm. Begleiten sie uns tagtäglich, gewinnen sie deutlich an Gewicht und entwickeln sich zu einer schweren Belastung.«

Der im Internet ohne Quellenangabe gefundene Text wurde von mir in einer Passage leicht abgewandelt.

ATMUNG

Einstieg:

Machen Sie es sich – idealerweise im Liegen – bequem.

Schließen Sie die Augen, um sich nicht von optischen Reizen ablenken zu lassen.

Atmen Sie ruhig und finden Sie Ihren persönlichen Rhythmus.

Verfolgen Sie den Luftstrom – spüren Sie, wie die Luft in Ihren Körper fließt, sich dort ausbreitet und ihn wieder verlässt.

Wenn Sie zwischen den Atemzügen eine kurze Atempause einlegen, können Sie Ihr Empfinden intensivieren.

Einatmen:

Fokussieren Sie Ihre Aufmerksamkeit auf das Einatmen.

Atmen Sie tief durch die Nase ein.

Bei jedem Einatmen hebt sich die Bauchdecke und wölbt sich der Bauch – damit unterstützen Sie die Funktion des Zwerchfells.

Mit dem Einatmen zieht sich die Muskulatur des Zwerchfells zusammen – das Zwerchfell senkt sich nach unten ab und verschafft der Lunge Raum, um sich entfalten zu können.

Ausatmen:

Richten Sie Ihre Aufmerksamkeit nun
auf das Ausatmen.

Atmen Sie langsam und kontrolliert durch
den Mund aus.

Das Ausatmen sollte länger dauern als das Einatmen –
anfänglich etwa doppelt so lange.

Je tiefer Sie einatmen, desto ausgedehnter können Sie
ausatmen – und umgekehrt.

Mit Hilfe einer Lippenbremse, mit der Sie der ausströ-
menden Luft beim Ausatmen durch einen gespitzten,
leicht geöffneten Mund einen Widerstand bieten,
verlängern Sie den Prozess.

Beim Ausatmen senkt sich der Bauch.

Die Muskulatur des Zwerchfells entspannt sich –
das Zwerchfell hebt sich an und die Lunge zieht
sich zusammen.

Geben Sie mit jedem Ausatmen Spannung ab – lassen
Sie beim Ausatmen überflüssige Muskelspannungen los,
ohne jedoch in sich zusammenzusinken.

Ein- und Ausatmen:

Finden Sie nun Ihren neuen Atemrhythmus.
Lassen Sie die Atmung natürlich fließen.

Hinweis:
Der Atemschwerpunkt sitzt im Unterbauch.
Je gestresster wir sind, umso höher wandert er.
Wenn der Atemschwerpunkt zu hoch geraten ist,
verschieben Sie ihn mit einem Atemseufzer
wieder zurück in den Unterbauch.

NICHTSTUN

Frau: Hermann?

Mann: Ja?

Frau: Was machst du da?

Mann: Nichts.

Frau: Nichts? Wieso nichts?

Mann: Ich mache nichts.

Frau: Gar nichts?

Mann: Nein.

Frau: Überhaupt nichts?

Mann: Nein, ich sitze hier.

Frau: Du sitzt da?

Mann: Ja.

Frau: Aber irgendwas machst du doch?

Mann: Nein.

Frau: Denkst du irgendwas?

Mann: Nichts Besonderes.

Frau: Es könnte ja nicht schaden, wenn du mal
etwas spazieren gingest.

Mann: Nein, nein.

Frau: Ich bringe dir deinen Mantel.

Mann: Nein, danke.

Frau: Aber es ist zu kalt ohne Mantel.

Mann: Ich gehe ja nicht spazieren.

Frau: Aber eben wolltest du doch noch.

Mann: Nein, du wolltest, dass ich spazieren gehe.

Frau: Ich? Mir ist es völlig egal, ob du spazieren gehst.

Mann: Gut.

Frau: Ich meine nur, es könnte dir nicht schaden,
wenn du mal spazieren gehen würdest.

Mann: Nein, schaden könnte es nicht.

Frau: Also, was willst du denn nun?

Mann: Ich möchte hier sitzen.

Frau: Du kannst einen ja wahnsinnig machen.
Erst willst du spazieren gehen, dann wieder nicht.
Dann soll ich deinen Mantel holen, dann wieder
nicht. Was denn nun?

Mann: Ich möchte hier sitzen.

Frau: Und jetzt möchtest du plötzlich da sitzen.

Mann: Gar nicht plötzlich. Ich wollte immer
nur hier sitzen.

Frau: Sitzen?

Mann: Ich möchte hier sitzen und mich entspannen.

Frau: Wenn du dich wirklich entspannen wolltest,
würdest du nicht dauernd auf mich einreden.

Mann: Ich sag' ja nichts mehr.

Frau: Jetzt hättest du doch Zeit, irgendwas zu tun,
was dir Spaß macht.

Mann: Ja.

Frau: Liest du was?

Mann: Im Moment nicht.

Frau: Dann lies doch mal was.

Mann: Nachher, nachher vielleicht.

Frau: Hol dir doch die Illustrierten.

Mann: Ich möchte erst noch etwas hier sitzen.

Frau: Soll ich sie dir holen?

Mann: Nein, nein, vielen Dank.

Frau: Will der Herr sich auch noch bedienen lassen, was? Ich renne den ganzen Tag hin und her. Du könntest wohl einmal aufstehen und dir die Illustrierten holen.

Mann: Ich möchte jetzt nicht lesen.

Frau: Mal möchtest du lesen, mal nicht.

Mann: Ich möchte einfach hier sitzen.

Frau: Du kannst doch tun, was dir Spaß macht.

Mann: Das tue ich ja.

Frau: Dann quengel doch nicht dauernd so rum. Hermann? Bist du taub?

Mann: Nein, nein.

Frau: Du tust eben nicht, was dir Spaß macht. Stattdessen sitzt du da.

Mann: Ich sitze hier, weil es mir Spaß macht.

Frau: Sei doch nicht gleich so aggressiv.

Mann: Ich bin doch nicht aggressiv.

Frau: Warum schreist du mich dann so an?

Mann: Ich schreie dich nicht an!

LICHTENERGIE

Schließen Sie die Augen und beobachten Sie Ihre Atmung.

Stellen Sie sich vor:
- Sie sitzen an einem schönen, warmen Sonnentag unter einem Laubbaum, der auf einer weiten hügeligen Grasfläche steht.
- Das Blätterdach schützt Sie vor den intensiven Strahlen der Mittagssonne.
- Ihr Rücken ist an den Stamm des Baumes gelehnt.
- Sie atmen ruhig und fühlen sich wohl.
- Der Baum nimmt die Energie des Sonnenlichts mit seinen Blättern auf und leitet diese über seine Zweige und Äste weiter in den Stamm.
- Mit jedem Einatmen nehmen Sie diese starke Energie über den Baumstamm in Ihren Körper auf.
- Sie spüren mit jedem Atemzug die einfließende Energie und die wohlige Wirkung des Lichts.
- Sie lassen die Energie durch Ihren Körper fließen – bis in die Finger und Zehen.
- Beim Ausatmen leiten Sie all Ihren Ballast in den Baumstamm und befreien sich dadurch von Ihrer Last.
- Sie empfinden ein tiefes Gefühl der Zufriedenheit.

Öffnen Sie die Augen und beenden Sie damit die Übung.

BIBLIOGRAPHIE

- **Bamberger, Christoph M.:**
  Stress-Intelligenz – Stress besser meistern,
  Lebensenergie gewinnen

- **Bischoff, Christian:**
  Willenskraft – Warum Talent gnadenlos überschätzt wird

- **Elis, Albert:**
  Training der Gefühle – Wie Sie sich hartnäckig weigern,
  unglücklich zu sein

- **Engels, Helmut:**
  Stress sei Dank – Vom intelligenten Umgang mit einem
  verkannten Phänomen

- **Esch, Tobias und Esch, Sonja Maren:**
  Stressbewältigung mithilfe der Mind-Body-Medizin –
  Trainingsmanual zur Integrativen Gesundheitsförderung

- **Johnstone, Matthew:**
  Den Geist beruhigen – Eine illustre Einführung
  in die Meditation

- **Li, Qing:**
  Die wertvolle Medizin des Waldes

- **Michalsen, Andreas:**
  Heilen mit der Kraft der Natur

- **Mühlbauer, Franz:**
  Solemon – Die Glücksphilosophie,
  Regeneration fürs Leben

- **Opaschowski, Horst W.:**
  Deutschland 2020

- **Ott, Ulrich:**
  Meditation für Skeptiker – Ein Neurowissenschaftler
  erklärt den Schritt zum Selbst

- **Röhr, Heinz-Peter:**
  Erholung beginnt im Kopf

- **Schuppener, Bernd:**
  Du bist Dein Schicksal – Zur Philosophie von Lebensweg
  und Charakter

- **Servan-Schreiber, David:**
  Die neue Medizin der Emotionen – Stress, Angst
  und Depressionen: Gesund werden ohne Medikamente

- **Ware, Bronnie:**
  5 Dinge, die Sterbende am meisten bereuen

Ebenfalls vom Autor im Buchhandel erhältlich:

Helmut Engels gewährt dem Leser einen selbstkritischen, schonungslos offenen Einblick in entscheidende Phasen seines Lebens und entführt in eine Welt, über die wir erstaunlich wenig wissen.

Die Druckversion auch dieses Buches ist in zwei Varianten (Soft- und Hardcover) erhältlich.